いちばんやさしい！いちばんおいしい！

ケーク・サレ & パウンドケーキ

三宅郁美

cake salés & pound cake

はじめに

フランスに住んでいたころは、
当たり前のように食べていたケーク・サレ(塩味のケーキ)。
帰国して、日本ではほとんど知られていないことに驚きました。

"とっても簡単に作れて、こんなにおいしいのに。
このおいしいケーキをみんなに知ってほしい、食べてほしい!"
…という思いから、この本を作りました。

もちろん、塩ケーキだけでなく、甘いケーキもご紹介しています。
フルーツやチョコレートなどの定番素材に合わせる素材にも注目してみてください。

道具はボウルひとつと混ぜるもの、あとは型さえあれば十分。
基本の生地の作り方を覚えれば、
中に混ぜる具材は、冷蔵庫の残り物や作り置きのおかずなど、何でもOK。
あなたの好みで、バリエーションはどんどん広がります。

みんなが集まるテーブルやお呼ばれのときのプレゼントはもちろん、
ふだんの食卓やティータイムにも、ぜひ取り入れてみてください。

きっとあなたの毎日が、オシャレで素敵なものになるはずです。

三宅郁美

Contents

はじめに………3

Part 1
基本のケークを焼いてみよう

基本のケークの作り方………8
基本のケーク・サレ
ハムと野菜のケーク・サレ………10
基本のパウンドケーキ
レモンのパウンドケーキ………14
型のアレンジ………18
牛乳パックを型にして焼いてみよう………20
生地を型からキレイに外すコツ………21
おいしく食べるために………22

Part 2
簡単！ ケーク・サレ

野菜
ズッキーニとチョリソのケーク・サレ………24
ルッコラとかきのケーク・サレ………26
ジェノベーゼとアンチョビトマトの
ケーク・サレ………27
肉詰めのケーク・サレ………28
ブロッコリーと卵のケーク・サレ………30
きのこのケーク・サレ………32
アボカドとかにかまのケーク・サレ………34
にらと桜えびのケーク・サレ………35

肉

ひき肉とグリンピースのケーク・サレ…………36

チキンとゆかりのケーク・サレ…………38

生ハムといちじくのケーク・サレ…………40

キャベツとコンビーフのケーク・サレ…………41

牛肉のみそ煮のケーク・サレ…………42

チャーシューとザーサイのケーク・サレ…………43

魚介類

漬けまぐろと三つ葉のケーク・サレ…………44

ほたてとほうれん草のケーク・サレ…………46

スモークサーモンのケーク・サレ…………48

えびとチーズマヨのケーク・サレ…………49

しらすと小松菜のケーク・サレ…………50

辛子明太子とオクラのケーク・サレ…………51

香辛料・加工品

ビーンズとランチョンミートのケーク・サレ…………52

サラミとこしょうのケーク・サレ…………54

2色オリーブとチーズのケーク・サレ…………55

さきいかのケーク・サレ…………56

塩こぶ風味のケーク・サレ…………58

お漬物のケーク・サレ…………59

ケーク・サレでカフェ気分
　サンドイッチ、クロックムッシュ、
　ピンチョス、サラダ、スープ…………60

Part 3
楽々! パウンドケーキ

フルーツ・野菜

りんごのパウンドケーキ…………66

桃と紅茶のパウンドケーキ…………68

さくらんぼとクリームチーズのケーキ…………69

オレンジママレードの
パウンドケーキ…………70

フルーツケーキ…………72

大学芋とかぼちゃのパウンドケーキ…………74

にんじんグラッセのケーキ…………75

カカオ・ナッツ

マーブルケーキ…………76

チョコレートと
ラズベリーのケーキ…………78

コーヒーとマシュマロの
ミニパウンドケーキ…………79

アーモンドパイナップル
ケーキ…………80

ポピーシードと
ぶどうのケーキ…………81

ミックスナッツのケーキ…………82

和風

抹茶とホワイトチョコのパウンドケーキ…………84

黒ごまのケーキ…………86

あずきと栗のパウンドケーキ
日本酒風味…………87

黒砂糖とバナナのケーキ…………88

桜の花と甘納豆のケーキ
ほうじ茶風味…………89

パウンドケーキでティタイム
 トライフル、シャンパンアフォガード、
 ティラミス、ワンプレートデザート…………90

道具リスト…………94

本書の決まり
◎ 計量の単位：大さじ1は15ml、小さじ1は5ml、1カップは200mlです。大さじ、小さじはすり切りで計ってください。
◎ 卵はMサイズを使用しています。
◎ オーブンの加熱温度、加熱時間、焼き上がりは機種によって異なります。表記の時間を目安に、使用するオーブンに合わせて調整してください。

Part 1

基本のケーキを焼いてみよう

基本のケーキの作り方

この本で紹介しているケーキは、材料を順に加えて混ぜるだけ。ボウルひとつで、驚くほどシンプルに作れます。基本のケーキ生地をマスターすれば、入れる具を変えるだけでさまざまなテイストが楽しめますよ。

用意するのは、①ボウル（直径20cm以上）、②ザル（粉ふるい）、③ハケ、④ペティナイフ、⑤ゴムべら、⑥泡立て器。

(1) 材料 ― 基本となる生地はとってもシンプル

中に混ぜる素材のおいしさを引き立たせる
塩味（サレ）のケーキ

ケーク・サレ

パウンド型(16cm×7cm×高さ6cm)1個分
or
直径5cm 8個分

薄力粉――100g
強力粉――50g
ベーキングパウダー――小さじ2
卵――3個
サラダ油――大さじ4
牛乳――大さじ2
塩――2つまみ
こしょう――少々

おやつやデザートにぴったり。
甘い（シュクレ）ケーキ

パウンドケーキ

パウンド型(16cm×7cm×高さ6cm)1個分
or
直径5cm 8個分

薄力粉――120g
ベーキングパウダー――小さじ½
塩――少々
バター（食塩不使用）――100g
粉砂糖――100g
卵――2個

(2) 下準備 — 生地をおいしく、ラクに作る工夫

■ バターと卵を室温に戻す
作る1時間ほど前にバターと卵を冷蔵庫から出し、室温に戻す。

■ 粉をふるう
粉類はすべて合わせてふるっておく。ダマをなくし、生地がなめらかな仕上がりになる。

■ 型の準備をする
フッ素樹脂加工の型なら何もしなくてOK。アルミやステンレスの型の場合は型にハケで溶かしバターを塗って冷蔵庫で10分ほど冷やし、バターを固めてから強力粉を薄く振っておく。または、クッキングペーパーを型に合せてカットしてはる。

■ オーブンの予熱
オーブンは設定温度に予熱しておく。

(3) 混ぜる — 順番に加えて、混ぜていくだけ

ケーク・サレ *cake salés*

卵を溶きほぐす
↓

サラダ油を加える
↓

牛乳、塩、こしょうを加え混ぜる
↓

粉類をふるいながら加える
↓

切るように混ぜる

パウンドケーキ *pound cake*

バターを練る
↓

粉砂糖を加えてすり混ぜる
↓

卵を加え混ぜる
↓

粉類をふるいながら加える
↓

切るように混ぜる

→ あとはフィリング（具材）を混ぜて焼くだけ。各レシピをチェックしよう。

基本のケーク・サレ

基本となるケーク・サレ生地の作り方を覚えたら、実際にフィリングを入れて焼いてみましょう。
まずは、材料がそろえやすく下ごしらえも簡単な定番ケークを紹介します。

大きく焼く

ハムと野菜のケーク・サレ

小さく
焼く

色とりどりの野菜が切り口から見えて、宝石箱をのぞいているよう

ハムと野菜のケーク・サレ

◎**材料**（パウンド型・16cm×7cm×高さ6cm・1個分 or 直径5cmの紙型・8個分）

A ┃ 薄力粉────100g
　┃ 強力粉────50g
　┃ ベーキングパウダー────小さじ2

B ┃ 卵────3個
　┃ サラダ油────大さじ4
　┃ 牛乳────大さじ2
　┃ 塩────2つまみ
　┃ こしょう────少々

ハム（1cm角に切る）────30g
赤ピーマン（1cm角に切る）────20g
ホールコーン（缶詰）────20g
きゅうり（1cm角に切る）────20g
たまねぎ（みじん切り）────20g
プロセスチーズ（1cm角に切る）────30g

●下ごしらえ・準備

- 卵は1時間前に冷蔵庫から出して、室温に戻す。
- Aの粉を合わせてふるっておく（大さじ1を取り分けておく）。
- 型の準備をする（※）。
- オーブンを180℃に予熱しておく。

※型の準備

型にハケで溶かしバターを塗って冷蔵庫で10分ほど冷やし、バターを固めてから強力粉を薄く振ってまぶしておく。またはクッキングペーパーを型に合わせてカットする。フッ素樹脂加工の型は何もしなくてOK。

型を傾けて、粉を均一にまぶす。粉は強力粉を使うとよいが、なければ薄力粉でも可。

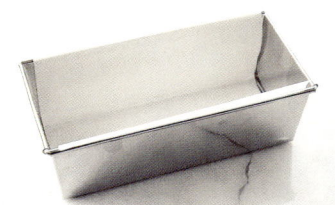

クッキングペーパーを型のサイズに合わせて切る。基本のパウンド型の場合、一辺を16cm（縦の長さ）にし、もう一辺を7cm（底辺）+6cm×2（高さの2倍）+4cm（両端にはみ出させる長さ2cm×2）=23cm。

クッキングペーパーを敷いたパウンド型の場合は、ペーパーが熱風で動いて焼きムラが出ることがあります。焼く前に生地を指先につけ、ペーパーと型の間に塗って、ペーパーを型にはり付けておきましょう。

●作り方

1. 混ぜる

ボウルにBの卵を入れて泡立て器でよく溶きほぐし、その他のBを順に加えてさらによく混ぜる。

卵白のコシが切れて卵黄となめらかによく混ざればOK。

2. 粉類を加える

Aの粉類をふるいながら加え、切るように混ぜる。

下準備で一度ふるっておいた粉類をもう一度ふるいながら加える。

ゴムベラで切るようにして混ぜ、粘りを出さない。

3. 具を加える

切った具に取り分けておいたAの粉を加えてサックリと混ぜる。

具に粉をまぶすのは、生地なじみがよくなるから。焼いているときに下に沈みにくくなる。

4. 型に入れる

生地を型に入れる。型を持ち、5cm位の高さから優しく2回落とす。

型に生地を入れたら、2回ほどトントンと落とす。空気が抜けて型の角まで生地が行きわたる。

5. 焼く

大は180℃のオーブンで10分焼く。いったん取り出し、ナイフなどで中央にクープ（切れ目）を入れ、170℃に温度を下げて25〜30分焼く。小は180℃で25分ほど焼く。竹串をさしてみて、どろりとした生地が付いてこなければOK。

生地がふくらみきる前に、中央に縦1本、1cmほどの深さのクープ（切れ目）を入れると、切れ目を境に大きくふくらむ。クープは濡らしたペティナイフか、竹串で。

6. 冷ます

すぐに型から取り出して、ケーキクーラーにのせて冷ます。
※型が熱いので注意してください。
※紙型の場合は、取り出さなくてOK。

基本のパウンドケーキ

さわやかな酸味を閉じこめたレモンのケーキを焼きましょう。
甘い砂糖でデコレーションすれば、プレゼントにもぴったり。

レモンのパウンドケーキ

大きく焼く

小さく焼く

レモンの香りの甘いグラスロワイヤルが見た目も味も引き立てて

レモンのパウンドケーキ

◎材料(パウンド型・16cm×7cm×高さ6cm・1個分 or 直径5cmの紙型・8個分)

A
- 薄力粉——120g
- ベーキングパウダー——小さじ 1/2
- 塩——少々

B
- バター(食塩不使用)——100g
- 粉砂糖——100g
- 卵——2個

- レモンの皮——1/2個分
- レモン汁——大さじ 1/2

グラスロワイヤル
- 粉砂糖——50g
- レモン汁——小さじ 2

◎下ごしらえ・準備
- バターと卵は1時間前に冷蔵庫から出して、室温に戻す。
- Aの粉を合わせてふるっておく。
- 型の準備(P12)をする。
- オーブンを180℃に予熱しておく。

●作り方

1. 混ぜる

Bのバターをボウルに入れ、泡立て器でなめらかになるまで練る。粉砂糖を2回に分けて加え、粉砂糖が溶けてバターが白っぽくなるまですり混ぜる。

ボウルを少し傾けて混ぜると混ぜやすい。

白っぽくクリーム状になったらOK。空気を含んでカサが増した状態になる。

2. さらに混ぜる

Bの卵をよく溶いて4回に分けて①に加え、そのつど泡立て器でよく混ぜる。

卵はよく溶きほぐし、卵白のコシを切っておくと混ぜやすい。

3. 粉類を加える

②のボウル全体にAを広げるように振り入れ、ゴムべらで切るように混ぜる。すりおろしたレモンの皮とレモン汁を加え、さらに混ぜる。

粉はふるいながら加える。これで計2回ふるったことになる。

生地に粘りがでないよう、切るように混ぜて。粉っぽさがなくなり、ツヤが出るまで混ぜる。

4. 型に入れる

型に入れ、中央をくぼませる。5cm位の高さから、型を優しく2回落として空気を抜く。

型に生地を入れたら、2回ほどトントンと落とす。空気が抜けて型の角まで生地が行きわたる。

5. 焼く

大は180℃のオーブンで10分焼く。いったん取り出し、ナイフなどで中央にクープ（切れ目）を入れ、170℃に温度を下げて20〜25分焼く。小は180℃で10分、170℃で15分ほど焼く。竹串をさしてみて、どろりとした生地が付いてこなければOK。

生地がふくらみきる前に、中央に縦1本、1cmほどの深さのクープ（切れ目）を入れると、切れ目を境に大きくふくらむ。クープは濡らしたペティナイフか、竹串で。

6. 冷ます

すぐに型から外し、ケーキクーラーにのせて冷ます。グラスロワイヤルの材料を合わせてよく混ぜてトッピングし、固まるまで放置する。
※型が熱いので注意してください。
※紙型の場合は、取り出さなくてOK。

パウンド型はハケを使ってまんべんなく塗る。

紙型で焼いたものにはハケにたっぷりふくませてたらす。

型のアレンジ

本書では主にパウンドケーキ型で焼いていますが、型の形やサイズは自由自在。
お手持ちの型をそのまま使っても、好みの型に変更してもOKです。
小さくたくさん焼けば、贈り物にもぴったりですね。

a.b
基本のパウンド型。aはステンレス製（16cm×7cm×H6cm）でbはフッ素樹脂加工のもの（14.5cm×5.5cm×H5cm）。

c
細長いパウンド型（23cm×3.5cm×H6.5cm）
→P48　→P70　→P86

d
ホーロー製鍋（直径16cm×H5cm）
→P81

e
ケーキ丸型（直径15cm×H6cm）
→P82

f
トヨ型　半月（18.5cm×6.5cm×H5cm）
→P26

g
クグロフ型（直径14cm×H6cm）
→P78

a
ミニパウンド型　金属(8cm×3cm×H4cm)
→P54　P79

b
ミニパウンド型　紙(8cm×3cm×H3.5cm)
→P35

c
ミニクグロフ型(直径10.5cm×H5cm)
→P76

d
シリコン型(直径7cm×H3cm)
→P89

e
ミニオーバル型(7.5cm×H4.5cm)
→P30

f
ミニ丸型　紙(直径5cm×H4cm)
→P11　P15

g
丸型(直径6.5cm)＋グラシン紙(直径5cm)
→P41　P46　P75（丸型のみ）

h
シェル型(7cm×H2.5cm)
→P49　→P69

型がなくても大丈夫！
牛乳パックを型にして焼いてみよう

型を購入しようか迷っている方に、
牛乳パックで型を作る方法をご紹介！
まずは、この型で試してみて、慣れてきたら好みの型をそろえるのもおすすめです。

1　牛乳パックは500mlのものを。基本の生地の半量が適量です

牛乳パックは洗ってふき、1面をハサミで切り取ります。1000mlのものだと、生地を入れたときに重さでたわんでしまうので、500mlのものが適しています。ちょうど基本の生地の半量が入ります。

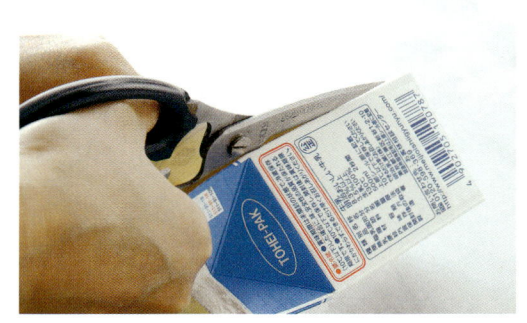

2　牛乳パックを組み立て周囲をガムテープではります

牛乳パックの上の部分を折りたたんで箱状にし、周囲をガムテープで固定します。ガムテープは紙製のものでOK。高さに合わせて2重にはりましょう。

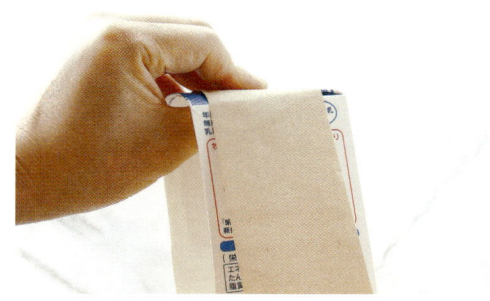

3　焼き上がったらハサミで型を切り取り外します

焼き上がって粗熱がとれたら、ハサミで角の部分を4箇所切り、牛乳パックをはがすと、きれいに取り外せます。

焼いたあとに、これが肝心
生地を型からキレイに外すコツ

仕上がりの見た目に大きく影響する、この行程。
ちょっとしたコツを知っていれば、簡単にきれいに外せます。

■ バターと粉をまぶした型の場合

バターと粉をまぶした型の場合は、ペティナイフを型に沿って入れます。

斜めに倒して取り出します。

■ オーブンペーパーを敷いた型の場合

まず、ペーパーがついてないところにペティナイフを入れます。型からはみ出た両端のペーパーを引っ張って取り出します。

■ フッ素樹脂加工の型の場合

斜めに傾けるだけで取り出せます。

パウンドケーキにシロップを塗るときは

パウンドケーキのなかには、焼き上がったあとにシロップを塗るものがあります（P68、P72、P87）。シロップを塗る場合は、温かいうちが染みやすいので、型に入れた状態で塗りましょう。粗熱がとれたらラップで包み、半日以上おいて味をなじませます。こうすると、しっとりした生地になり、よりおいしくいただけます。

焼きたてで熱いうちにシロップをたっぷり含ませます。

ラップでぴっちり包み、常温にそのままおきます。冷めたら冷蔵庫へ。食べるときは室温に戻します。

おいしく食べるために

食べごろは？ 冷めてしまったら？ 保存はいつまで？
せっかく焼いたケーキなのだから、おいしい状態で食べたいもの。
ここでは、知っておきたいポイントを解説します。

食べごろ

ケーク・サレは焼きたてか焼いたその日が食べごろ。パウンドケーキは、3日たったほうが生地がしっとりしてきておいしくなります。ラップに包んで冷蔵庫で保管しておきましょう。

present!

焼いたケーキをプレゼントするときは、模様つきのオーブンペーパーを使って焼いても。ペーパーをつけたままビニール袋に入れれば、それだけでちょっとおしゃれな感じ。口を閉じてリボンを結べば、ステキな贈り物になります。

保存

ケーク・サレは3日以内、パウンドケーキは7日以内だったら冷蔵庫で保存。これ以上保存するときは冷凍がおすすめ。1cmほどの厚さに切り、一切れずつラップで包み、冷凍保存用の袋に入れます。2週間を目安に食べ切りましょう。

一切れずつラップに包みます。

冷凍用の保存袋に並べ入れて冷凍します。

温め・戻し

冷蔵したケーク・サレを温めるときは、ラップをはずし、電子レンジで一切れにつき30秒加熱するか、オーブントースターで温めて。冷凍したものは解凍後同様に。パウンドケーキは冷蔵も冷凍も室温に戻してから召し上がって。

Part 2
簡単！ケーク・サレ

野菜

野菜をたっぷり使った、見た目も鮮やかでヘルシーな塩味（サレ）のケーク。
ごろごろと加えたり、生地に混ぜ込んだりして野菜の風味を存分に味わって。

vegetable

ズッキーニを練り込んだ生地の中に、ピリっと辛いソーセージ

ズッキーニとチョリソの ケーク・サレ

輪切りで使うズッキーニはフォークを当てて切れ目を入れておくと、生地になじみやすい。

ズッキーニ½本はすりおろす。水分は絞らずに使って。

チョリソにも切れ目を入れて、生地になじみやすくしておく。

◎材料（基本のパウンド型 1本分）

- ズッキーニ──1本(150g)
- チョリソソーセージ──5本
- たまねぎ──20g
- A
  - 薄力粉──100g
  - 強力粉──50g
  - ベーキングパウダー──小さじ2
- B
  - 卵──3個
  - サラダ油──大さじ4
  - 塩──2つまみ
  - こしょう──少々

※すりおろしのズッキーニが入るので牛乳は不要。

◎下ごしらえ・準備

- ズッキーニは3cm分を幅5mmの輪切りにする。残りはすりおろす。
- 卵は1時間前に室温に戻しておく。
- Aの粉を合わせてふるっておく（大さじ1を取り分けておく）。
- 型の準備（P12）をし、オーブンを予熱する。

●作り方

1. チョリソソーセージ3本は幅1cmの輪切りに、残りの2本は斜めに数本切れ目を入れる。たまねぎは粗みじん切りにする。
2. ボウルにBの卵を入れて泡立て器でよく溶きほぐし、すりおろしたズッキーニ、その他のBを順に加えてさらによく混ぜる。
3. ②にAを振り入れてサックリと混ぜる。たまねぎ、輪切りにしたチョリソは取り分けておいたAの粉をまぶして加え、サッと混ぜて型に入れる。5cm位の高さから優しく2回落とす。
4. 180℃のオーブンで10分ほど焼いた後いったん取り出し、輪切りにしたズッキーニと切れ目を入れたソーセージを飾る。
5. オーブンに戻し入れ、170℃で25分～30分ほど焼く。
6. すぐに型から取り出して、ケーキクーラーにのせて冷ます。

コクとうまみたっぷりのかきに、ルッコラのさわやかなアクセント

ルッコラとかきのケーク・サレ

◎**材料**（トヨ型　2本分）
ルッコラ——10g
かき——12粒
塩、こしょう、強力粉——各適量
サラダ油——大さじ1
赤唐辛子——½本
酒——大さじ1
しょうゆ——小さじ1
砂糖——小さじ1
A ┌ 薄力粉——100g
　├ 強力粉——50g
　└ ベーキングパウダー——小さじ2
B ┌ 卵——3個
　├ サラダ油——大さじ4
　├ 牛乳——大さじ2
　├ 塩——2つまみ
　└ こしょう——少々

◉**下ごしらえ・準備**
- 卵は1時間前に室温に戻しておく。
- Aの粉を合わせてふるっておく（大さじ1を取り分けておく）。
- 型の準備（P12）をし、オーブンを予熱する。

●**作り方**
1. かきは塩水（分量外）の中で振り洗いしてペーパータオルで水気をよく拭き取り、塩、こしょう、強力粉を薄く付ける。
2. フライパンにサラダ油と種を取った赤唐辛子を入れて弱火で炒め、かきを入れてふっくらするまで炒める。
3. 酒、しょうゆ、砂糖を加えて水分がなくなるまで炒めて火を止め、冷ましておく。
4. ボウルにBの卵を入れて泡立て器でよく溶きほぐし、その他のBを順に加えてさらによく混ぜる。
5. Aを振り入れてサックリと混ぜる。型にルッコラの葉を敷き、生地が型底から厚さ1cmになるように入れる。取り分けておいたAをまぶしたかきを並べ入れ、残りの生地を詰める。ルッコラを上からも被せ、型を5cm位の高さから優しく2回落とす。
6. 180℃のオーブンで10分ほど焼き、オーブンの温度を170℃に落として15分ほど焼く。
7. すぐに型から取り出して、ケーキクーラーにのせて冷ます。

香り高いバジル&アンチョビを詰めたトマトでイタリアン風に

ジェノベーゼとアンチョビトマトのケーク・サレ

◎材料（基本のパウンド型 1本分）
プチトマト赤・黄——各5個
アンチョビフィレ——4切れ
ピザ用チーズ（細切り）——20g
A ┌ 薄力粉——100g
  │ 強力粉——50g
  └ ベーキングパウダー——小さじ2
B ┌ 卵——3個
  │ ジェノベーゼ*——大さじ4
  │ 牛乳——大さじ2
  │ 塩——2つまみ
  └ こしょう——少々

◎下ごしらえ・準備
● 卵は1時間前に室温に戻しておく。
● Aの粉を合わせてふるっておく。
● 型の準備（P12）をし、オーブンを予熱する。

*ジェノベーゼの材料と作り方

ジェノベーゼは市販品を使ってもOKですが、手作りするとより香りが引き立ちます。残ったらパスタをあえたり、パンにつけてトーストしてもおいしい！

◎材料（作りやすい分量）
バジル（葉のみ）——10g
にんにく——1かけ
松の実——大さじ1
オリーブ油——大さじ4
塩——小さじ¼
パルメザンチーズ（粉）——大さじ1
● 作り方
ミキサーかフードプロセッサーに材料を入れてなめらかなピュレ状になるまで撹拌する。すり鉢ですってもよい。

● 作り方
1. プチトマトのヘタを切り落としてスプーンで種を抜き、アンチョビのみじん切りを詰めておく。
2. ボウルにBの卵を入れて泡立て器でよく溶きほぐし、その他のBを順に加えてさらによく混ぜる。
3. Aを振り入れて切るように混ぜ、½量を型に入れて①を並べ、残りの生地を入れる。5cm位の高さから優しく2回落とす。
4. 180℃のオーブンで10分焼いた後いったん取り出し、ナイフなどで中央にクープを入れ、チーズをのせる。
5. 温度を170℃に下げて25〜30分ほど焼く。
6. すぐに型から取り出して、ケーキクーラーにのせて冷ます。

ピーマンやなすの肉詰めをそのままin。1品でも大満足！

肉詰めのケーク・サレ

◎材料（牛乳パックの型 1本分）
ピーマン・しいたけ・なすの肉詰め＊
　　──各1個
A ┌ 薄力粉──50g
　│ 強力粉──25g
　└ ベーキングパウダー──小さじ1
B ┌ 卵──1個
　│ サラダ油──大さじ2
　│ 牛乳──大さじ1
　│ 塩──1つまみ
　└ こしょう──少々
ピザ用チーズ──適量

●作り方
1. ボウルにBの卵を入れて泡立て器でよく溶きほぐし、その他のBを順に加えてさらによく混ぜる。
2. Aを振り入れて切るように混ぜ、型に½量流し入れる。
3. 肉詰めに取り分けておいたAの粉をまぶしつけ、生地にさすように置き、残りの生地を入れる。5cm位の高さから優しく2回落とす。
4. ピザ用チーズをのせ、180℃のオーブンで30分ほど焼く。
5. ケーキクーラーにのせて型ごと冷ます。

●下ごしらえ・準備
● 卵は1時間前に室温に戻しておく。
● Aの粉を合わせてふるっておく（大さじ1を取り分けておく）。
● 型の準備（P12）をし、オーブンを予熱する。

＊肉詰めの材料と作り方

中に入れる肉詰めは、生でも加熱調理済みのものでもOK。

◎材料（作りやすい分量）
ピーマン──1個
しいたけ──2個
小なす──1個
A ┌ 豚ひき肉──60g
　│ たまねぎのみじん切り──10g
　│ 塩、こしょう──少々
　│ 卵──½個
　└ 片栗粉──適量

●作り方
ボウルにAを入れて練るようによく混ぜ、種を取り除いたピーマン、軸を取り除いたしいたけ、縦半分に切ったなすに片栗粉をまぶして肉種を詰める。しいたけは2個ではさむ。

野菜に片栗粉をまぶしてから肉種を詰めるとはがれにくい。

肉詰めは、生地にぐっと押し込むように入れて。

ベーコン＋うずら卵の人気素材で、野菜もいっぱい食べられる

ブロッコリーと卵のケーク・サレ

◎材料（ミニオーバル型 6個分）
ブロッコリー——1/8株（50g）
アスパラガス——3本
うずらのゆで卵——6個
ベーコン——6枚

A
- 薄力粉——100g
- 強力粉——50g
- ベーキングパウダー——小さじ2

B
- 卵——3個
- サラダ油——大さじ4
- 牛乳——大さじ2
- 塩——2つまみ
- こしょう——少々

◉下ごしらえ・準備
- 卵は1時間前に室温に戻しておく。
- Aの粉を合わせてふるっておく。
- 型の準備（P12）をし、オーブンを予熱する。

●作り方
1. ブロッコリー、アスパラガスは塩を加えた湯で固ゆでにし、冷ましておく。
2. ボウルにBの卵を入れて泡立て器でよく溶きほぐし、その他のBを順に加えてさらによく混ぜる。
3. Aを振り入れて切るように混ぜ、型の内側にベーコンをはって生地を1/2量入れる。
4. ブロッコリーとアスパラガスを生地にさすように置き、残りの生地を入れる。うずらの卵を飾り、5cm位の高さから優しく2回落とす。
5. 170℃のオーブンで25分ほど焼く。
6. すぐに型から取り出して、ケーキクーラーにのせて冷ます。

vegetable...

型の内側にベーコンをはる。ベーコンから出る脂で、焼いた後取り出しやすい。

生地は型の1/2量ほど入れ、具をさすようにして入れてから残りの生地を入れる。

うまみたっぷりのきのこを、にんにくと唐辛子で風味付け

きのこのケーク・サレ

◎材料（基本のパウンド型 1本分）
しいたけ、しめじ、エリンギ、まいたけ、マッシュルームなど、好みのきのこ類
　　——計100g
にんにく——1かけ
赤唐辛子——1本
オリーブ油——大さじ1
塩、こしょう——各少々

A ┌ 薄力粉——100g
　├ 強力粉——50g
　└ ベーキングパウダー——小さじ2

B ┌ 卵——3個
　├ サラダ油——大さじ4
　├ だし汁（または水）——大さじ1
　├ しょうゆ——小さじ1
　├ みりん——小さじ1
　└ こしょう——少々

◉下ごしらえ・準備
- 卵は1時間前に室温に戻しておく。
- Aの粉を合わせてふるっておく（大さじ1を取り分けておく）。
- 型の準備（P12）をし、オーブンを予熱する。

●作り方
1. フライパンに潰したにんにく、種を取った赤唐辛子、オリーブ油を入れて中弱火で熱し、にんにくの香りが立ってきたら食べやすい大きさに切ったきのこ類を入れる。油がなじむ程度に炒めて塩、こしょうで味をととのえ、バットなどに広げて冷まし、取り分けておいたAの粉をまぶす。
2. ボウルにBの卵を入れて泡立て器でよく溶きほぐし、その他のBを順に加えてさらによく混ぜる。
3. Aを振り入れて切るように混ぜ、①を加えてサックリと混ぜて型に入れる。5cm位の高さから優しく2回落とす。
4. 180℃のオーブンで10分ほど焼いた後いったん取り出し、ナイフなどで中央にクープを入れ、170℃に落として25〜30分焼く。
5. すぐに型から取り出して、ケーキクーラーにのせて冷ます。

にんにくの香りが出てきたら、きのこ類を入れて炒める。

きのこがしんなりしたら赤唐辛子を取り除く。

ほんのりカレー風味が、コクのあるアボカドとベストマッチ
アボカドとかにかまのケーク・サレ

◎**材料**(基本のパウンド型 1本分)
アボカド――1個
レモン汁――1個分
かに風味かまぼこ――40g
A ┌ 薄力粉――100g
  │ 強力粉――50g
  │ ベーキングパウダー――小さじ2
  └ カレー粉――大さじ1
B ┌ 卵――3個
  │ サラダ油――大さじ4
  │ 牛乳――大さじ2
  └ こしょう――少々

●**下ごしらえ・準備**
● 卵は1時間前に室温に戻しておく。
● Aの粉を合わせてふるっておく(大さじ1を取り分けておく)。
● 型の準備(P12)をし、オーブンを予熱する。

●**作り方**
1. アボカドは半分に切って種を取り除き、半分は1.5cm角に切り、残りは飾り用に厚さ6〜7mmに切ってレモン汁をまぶす。かに風味かまぼこはほぐす。
2. ボウルにBの卵を入れて泡立て器でよく溶きほぐし、その他のBを順に加えてさらによく混ぜる。
3. Aを振り入れて切るように混ぜ、取り分けておいたAの粉を1.5cm角に切ったアボカドとかに風味かまぼこにまぶして加え、サックリと混ぜて型に流し入れる。厚さ6〜7mmに切ったアボカドを飾り、5cm位の高さから優しく2回落とす。
4. 180℃のオーブンで10分焼き、170℃の温度に下げて25〜30分焼く。
5. すぐに型から取り出して、ケーキクーラーにのせて冷ます。

香り豊かなにらに、乾物や缶詰を加えたお手軽ケーキ

にらと桜えびのケーク・サレ

◎材料（ミニパウンド型紙　4個分）
にら——20g
桜えび——20g
ほたて貝柱缶——小1缶（70g缶）
A ┌ 薄力粉——100g
　├ 強力粉——50g
　└ ベーキングパウダー——小さじ2
B ┌ 卵——3個
　├ サラダ油——大さじ4
　├ ほたて缶汁——大さじ2
　├ 塩——2つまみ
　└ こしょう——少々
※缶汁が入るので牛乳は不要

●下ごしらえ・準備
● 卵は1時間前に室温に戻しておく。
● Aの粉を合わせてふるっておく（大さじ1を取り分けておく）。
● 型の準備（P12）をし、オーブンを予熱する。
● ほたて缶詰は汁と具に分ける。

●作り方
1. にらは長さ1cmのザク切りに。
2. ボウルにBの卵を入れて泡立て器でよく溶きほぐし、その他のBを順に加えてさらによく混ぜる。
3. Aを振り入れて、切るように混ぜる。取り分けておいたAの粉をまぶした①と桜えび、ほたてを混ぜ、型に入れる。5cm位の高さから優しく2回落とす。
4. 180℃のオーブンで10分焼いた後いったん取り出し、ナイフなどで中央にクープを入れる。
5. 温度を170℃に下げて15分ほど焼く。
6. すぐに型から取り出して、ケーキクーラーにのせて冷ます。

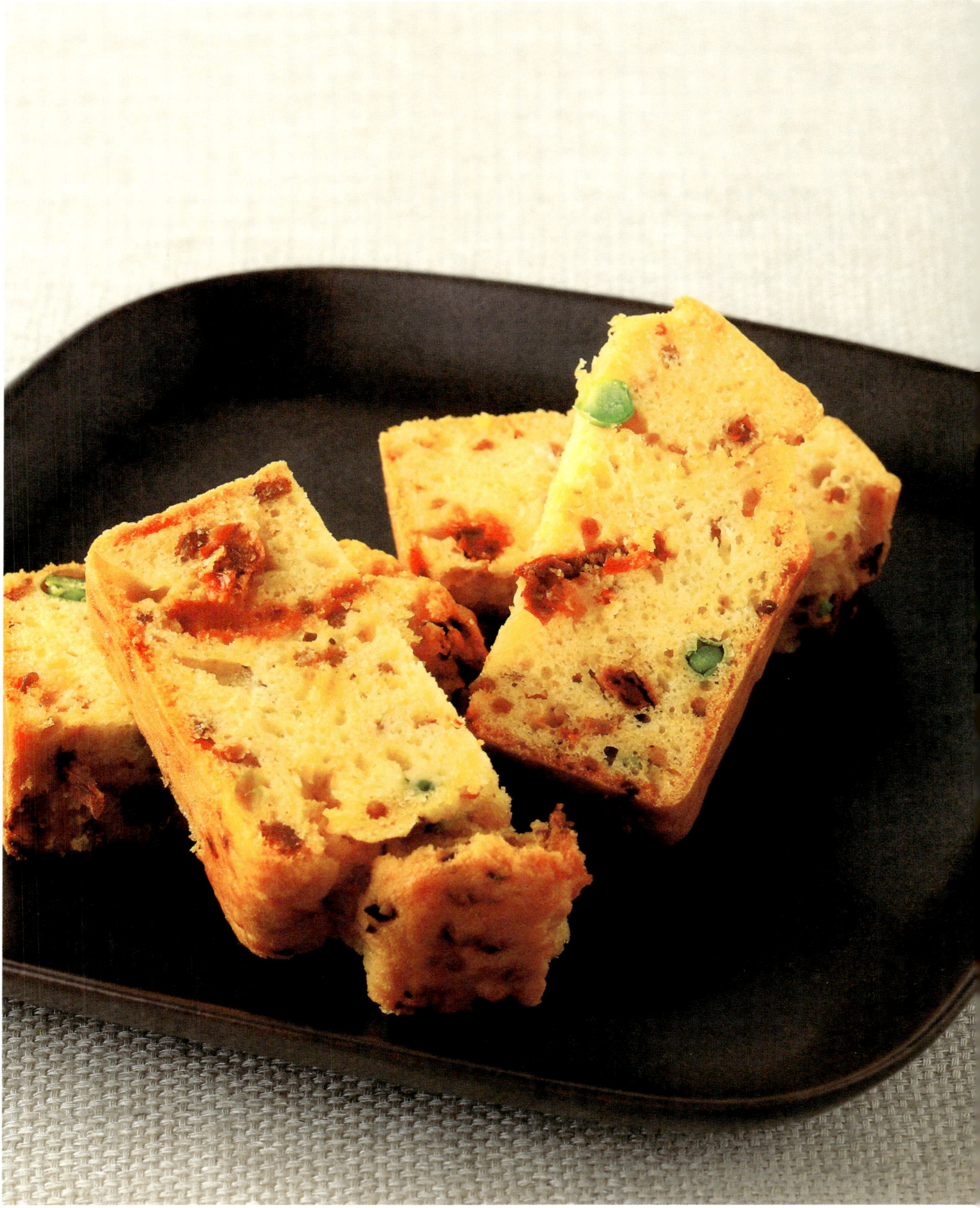

肉 / Meat

肉のうまみを加えると、食べごたえのあるケーキが完成。
味付けを変えると、洋風から和風、中華までバリエーションが広がります。

大人にも子どもにも人気のケーク。ほんのり香るカレーが決め手

ひき肉とグリンピースの ケーク・サレ

フライパンの中央をあけてカレー粉を炒め、香りを引き出す。

バットなどにペーパータオルを敷き、炒めた肉の脂を染み込ませる。

◎材料（基本のパウンド型 1本分）
豚ひき肉——100g
にんにくのみじん切り——小さじ1
たまねぎのみじん切り——20g
グリンピース（水煮）——30g
ドライトマト——10g
（かたければ水で戻しておく）
サラダ油——大さじ½
トマトケチャップ——大さじ1
カレー粉——小さじ1
塩、こしょう——各少々
A ┌ 薄力粉——100g
  │ 強力粉——50g
  └ ベーキングパウダー——小さじ2
B ┌ 卵——3個
  │ サラダ油——大さじ4
  │ 牛乳——大さじ2
  │ 塩——2つまみ
  └ こしょう——少々

●下ごしらえ・準備
● 卵は1時間前に室温に戻しておく。
● Aの粉を合わせてふるっておく。
● 型の準備（P12）をし、オーブンを予熱する。

●作り方
1. フライパンにサラダ油を中火で熱し、にんにく、たまねぎを入れ、たまねぎが透き通るまで炒め、肉を加えて肉の色が変わるまで炒める。フライパンの真ん中をあけてカレー粉を振り入れてひと炒めする。
2. トマトケチャップを加え、塩、こしょうで味をととのえ、木べらで混ぜながら水分がなくなるまで炒め、冷まます。
3. ボウルにBの卵を入れて泡立て器でよく溶きほぐし、その他のBを順に加えてさらによく混ぜる。
4. Aを振り入れて、切るように混ぜる。③とグリンピース、粗みじんに切ったドライトマトを混ぜる。型に入れ、5cm位の高さから優しく2回落とす。
5. 180℃のオーブンで10分焼いた後いったん取り出し、ナイフなどで中央にクープを入れる。
6. 温度を170℃に下げて25～30分ほど焼く。
7. すぐに型から取り出して、ケーキクーラーにのせて冷ます。

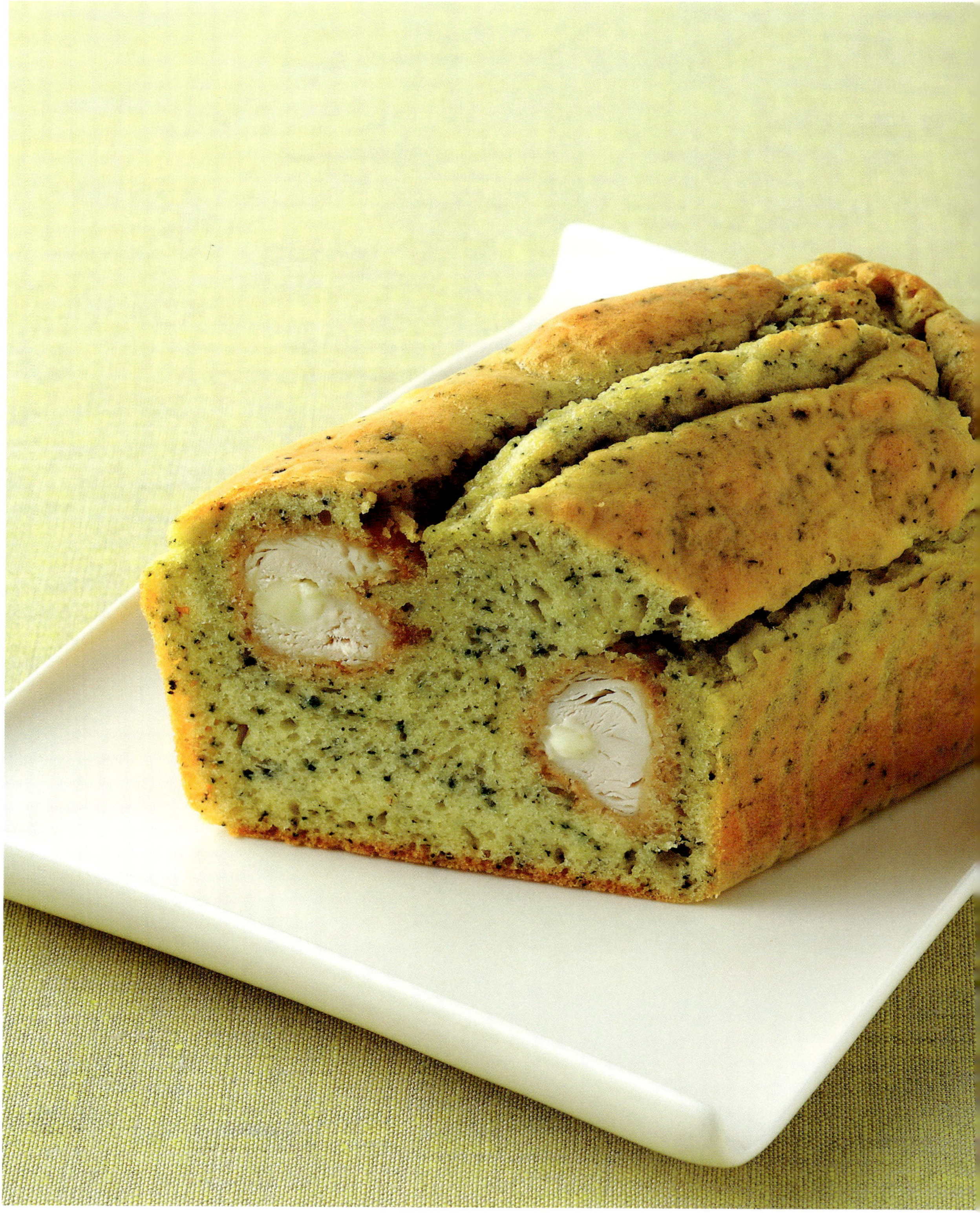

しそ風味の生地の中に、存在感たっぷりのチーズ入りチキンカツ

チキンとゆかりのケーク・サレ

Meat

◎**材料**（基本のパウンド型 1本分）
鶏ささみのカツ＊──2本
A ┌ 薄力粉──100g
  │ 強力粉──50g
  └ ベーキングパウダー──小さじ2
ゆかり──大さじ½
B ┌ 卵──3個
  │ サラダ油──大さじ4
  │ 牛乳──大さじ2
  │ 塩──2つまみ
  └ こしょう──少々

●**下ごしらえ・準備**
- 卵は1時間前に室温に戻しておく。
- Aの粉を合わせてふるっておく。
- 型の準備（P12）をし、オーブンを予熱する。

●**作り方**
1. ボウルにBの卵を入れて泡立て器でよく溶きほぐし、その他のBを順に加えてさらによく混ぜる。
2. Aを振り入れて、切るように混ぜ、さらにゆかりを加え混ぜる。½量を型に入れ、カツを並べておき、残りの生地を型に入れる。5cm位の高さから優しく2回落とす。
3. 180℃のオーブンで10分焼いた後いったん取り出し、ナイフなどで中央にクープを入れる。
4. 温度を170℃に下げて25〜30分ほど焼く。
5. すぐに型から取り出して、ケーキクーラーにのせて冷ます。

＊**鶏ささみのカツの材料と作り方**

◎**材料**（作りやすい分量）
鶏ささみ──2本
プロセスチーズ──20g
塩、こしょう──各少々
小麦粉、卵、パン粉──各適量
サラダ油──適量

●**作り方**
1. ささみを観音開きにしてチーズをはさんで閉じ、塩、こしょうをして小麦粉、溶き卵、パン粉の順につける。
2. サラダ油で揚げてフライを作り、冷ましておく。

鶏ささみは縦に切り込みを入れて開き、チーズを並べ入れて閉じる。

生地がまとまってからゆかりを加えて混ぜ合わせる。練らないように注意。

型に生地を½量入れ、鶏ささみのカツは縦に2本並べ入れる。

野菜の歯ごたえ、甘辛い味付けとみょうがの風味で食が進む！

牛肉のみそ煮のケーク・サレ

◎**材料**（基本のパウンド型 1本分）
牛肉のみそ煮＊——80g
みょうが——3個
A ┌ 薄力粉——100g
　│ 強力粉——50g
　└ ベーキングパウダー——小さじ2
B ┌ 卵——3個
　│ サラダ油——大さじ4
　│ 牛乳——大さじ2
　│ 塩——2つまみ
　└ こしょう——少々

◉**下ごしらえ・準備**
- 卵は1時間前に室温に戻しておく。
- Aの粉を合わせてふるっておく。
- 型の準備（P12）をし、オーブンを予熱する。

＊**牛肉のみそ煮の材料と作り方**

◎**材料**（作りやすい分量）
牛肉こま切れ肉——100g
ごぼう（せん切り）——30g
にんじん（せん切り）——30g
しょうが（みじん切り）——少々
サラダ油——大さじ½
A ┌ だし汁——¼カップ
　│ しょうゆ——大さじ1
　│ 砂糖——大さじ1
　│ みりん——小さじ2
　└ みそ（中辛）——大さじ1

◉**作り方**
1. 鍋にサラダ油を中火で熱し、しょうが、ごぼう、にんじんを炒め、牛肉を加えて色が変わるまで炒める。
2. Aを加えて炒め、水気がなくなってきたら火をとめ、冷ましておく。

◉**作り方**
1. ボウルにBの卵を入れて泡立て器でよく溶きほぐし、その他のBを順に加えてさらによく混ぜる。
2. Aを振り入れて、切るように混ぜる。牛肉のみそ煮とみょうがの薄切りを加えてサックリ混ぜる。型に入れ、5cm位の高さから優しく2回落とす。
3. 180℃のオーブンで10分焼いた後いったん取り出し、ナイフなどで中央にクープを入れる。
4. 温度を170℃に下げて25～30分ほど焼く。
5. すぐに型から取り出して、ケーキクーラーにのせて冷ます。

ごま油の香りとミックスシードの香ばしさを効かせて、中華風に

チャーシューとザーサイのケーク・サレ

◎**材料**（基本のパウンド型 1本分）

チャーシュー——60g
ザーサイ——20g
長ねぎ——1本
ごま油——大さじ½
A ┌ 薄力粉——100g
  │ ミックスシード——50g
  └ ベーキングパウダー——小さじ2
B ┌ 卵——3個
  │ サラダ油——大さじ4
  └ こしょう——少々

※ミックスシードが水分吸収が悪い為、牛乳は不要

●**下ごしらえ・準備**
- 卵は1時間前に室温に戻しておく。
- Aの粉を合わせてふるっておく（大さじ1を取り分けておく）。
- 型の準備（P12）をし、オーブンを予熱する。

●**作り方**

1. フライパンにごま油を中火で熱し、みじん切りにしたザーサイを炒め、小口切りにした長ねぎ⅔本を加えてしんなりするまで炒める。50g分のチャーシューを1cm角に切って加えてひと混ぜし、冷ましておく。

2. ボウルにBの卵を入れて泡立て器でよく溶きほぐし、その他のBを順に加えてさらによく混ぜる。

3. Aを振り入れて切るように混ぜ、取り分けておいたAの粉を①にまぶして加え、サックリと混ぜて型に流し入れる。残りの⅓本のねぎと10gのチャーシューは薄切りにして飾る。型を持ち、5cm位の高さから優しく2回落とす。

4. 180℃のオーブンで10分焼いた後いったん取り出し、ナイフなどで中央にクープを入れ、170℃の温度に下げて25～30分焼く。

5. すぐに型から取り出して、ケーキクーラーにのせて冷ます。

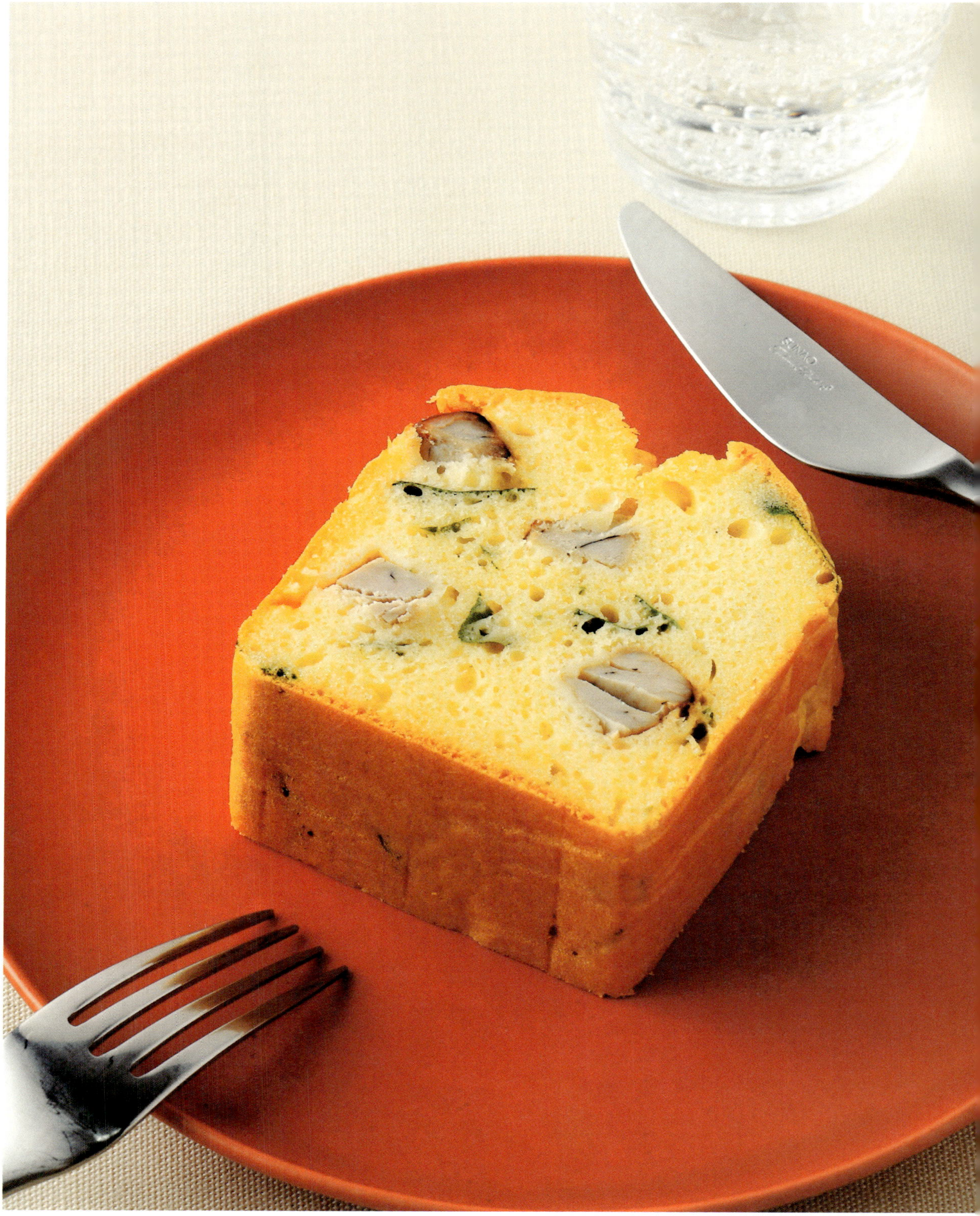

魚介類

Sea food

まぐろやほたてなどの魚介類も、ケーク・サレの材料にぴったり。
魚介のうまみをいかした味わいは、お酒のつまみにしてもよく合います。

下味をつけたまぐろと、生地に効かせた柚子こしょうがポイント

漬けまぐろと三つ葉のケーク・サレ

調味液につけておいたまぐろは汁気をふいてからグリルなどで焼き、冷ましておく。

まぐろは縦長に切り、生地の上に並べ入れる。

◎材料（基本のパウンド型 1本分）
漬けまぐろ*——80g
三つ葉——10g
みょうが——2個
柚子の皮——少々

A ┌ 薄力粉——100g
　├ 強力粉——50g
　└ ベーキングパウダー——小さじ2

B ┌ 卵——3個
　├ サラダ油——大さじ4
　├ 牛乳——大さじ2
　└ 柚子こしょう（またはわさび）
　　——小さじ¼

◎下ごしらえ・準備
● 卵は1時間前に室温に戻しておく。
● Aの粉を合わせてふるっておく（大さじ1を取り分けておく）。
● 型の準備（P12）をし、オーブンを予熱する。

＊漬けまぐろの材料と作り方
◎材料
まぐろ（赤身）——80g
A ┌ しょうゆ、酒——各大さじ1
　└ しょうが汁——小さじ1
●作り方
まぐろをAに2時間〜半日ほど漬ける。

●作り方
1. 漬けまぐろの表面を魚焼きグリルでこんがり焼いて冷ましておく。4本の棒状に切る。
2. ボウルにBの卵を入れて泡立て器でよく溶きほぐし、その他のBを順に加えてさらによく混ぜる。
3. Aを振り入れて、切るように混ぜ、三つ葉のザク切りと柚子の皮、みょうが1個を薄切りにして加える。
4. 生地の⅓量を型に入れ、取り分けておいたAの粉をまぶしたまぐろを2本並べ入れ、残った生地の半量を入れる。残りのまぐろを並べ、残りの生地を入れる。5cm位の高さから優しく2回落とす。
5. 180℃のオーブンで10分焼いた後いったん取り出し、ナイフなどで中央にクープを入れる。
6. 上に半分に切ったみょうがを飾り温度を170℃に下げて25〜30分ほど焼く。
7. すぐに型から取り出して、ケーキクーラーにのせて冷ます。

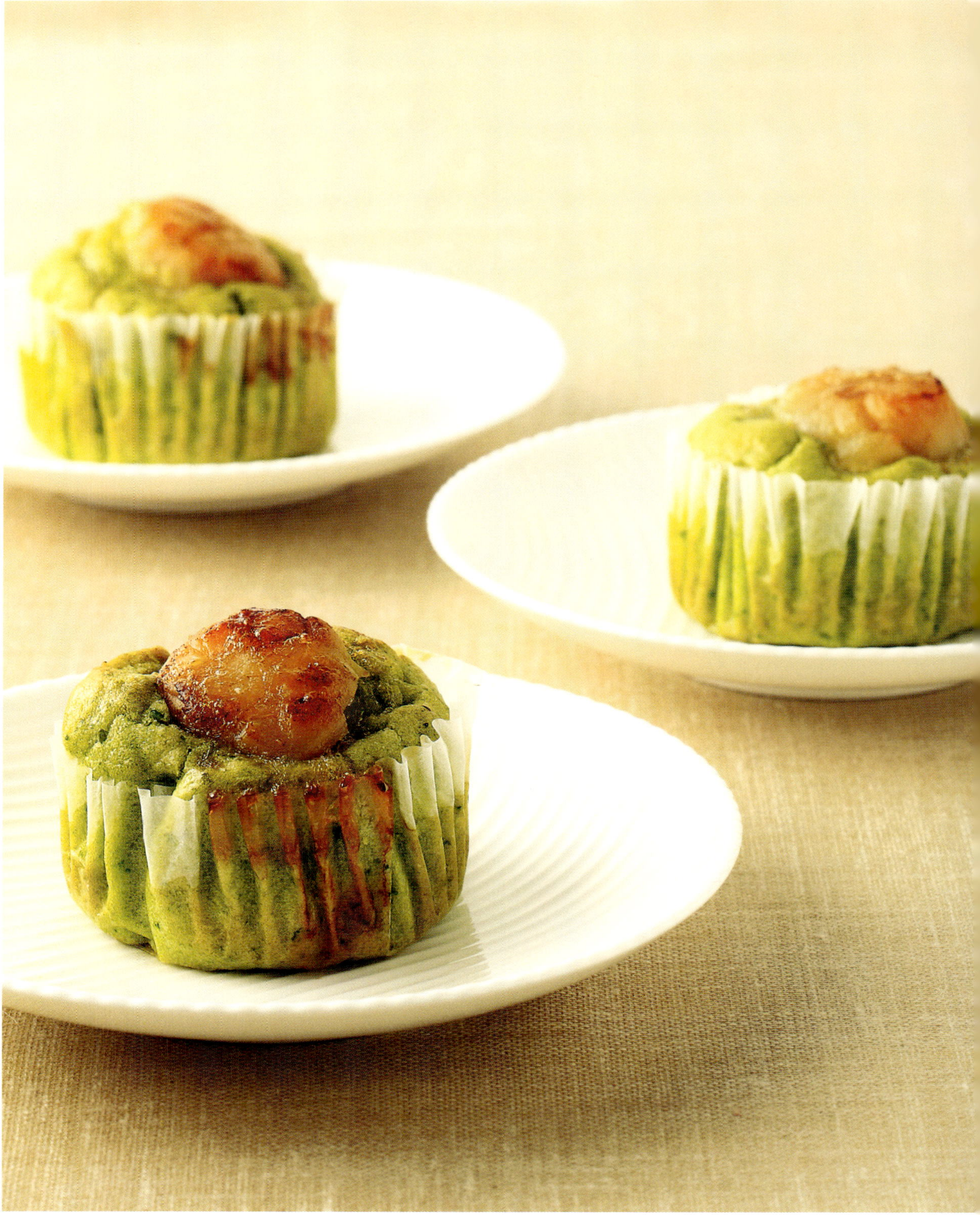

緑色が鮮やかなほんのり甘い生地に、バター風味のほたてをオン！

ほたてとほうれん草のケーク・サレ

◎**材料**（丸型+グラシン紙 8個分）
ほたて貝柱──4個
塩、こしょう、強力粉──各少々
バター──大さじ½
A ┌ 薄力粉──100g
　├ 強力粉──50g
　└ ベーキングパウダー──小さじ2
B ┌ 卵──3個
　├ サラダ油──大さじ4
　├ 塩──2つまみ
　└ こしょう──少々
ほうれん草のピュレ*──大さじ2

※ピュレが入るので牛乳は不要

*ほうれん草のピュレの作り方

◎**材料**（作りやすい分量）
ほうれん草──100g
塩──少々
●**作り方**
ほうれん草は茎を除いて葉を摘み、塩を加えた湯でゆでて冷まし、軽く絞ってフードプロセッサーかミキサーにかけてピュレにする。回しにくい場合は水を少々足す。

ほうれん草はやわらかい葉の部分のみを使う。

フードプロセッサーなどでピュレにする。ない場合は細かくみじん切りにしてから包丁でたたく（粒は残るが生地の色づけはできる）。

●**下ごしらえ・準備**
● 卵は1時間前に室温に戻しておく。
● Aの粉を合わせてふるっておく。
● 型の準備（P12）をし、オーブンを予熱する。

●**作り方**
1. ほたては半分の厚みに切って塩、こしょう、強力粉をまぶしてバターソテーして冷ましておく。
2. ボウルにBの卵を入れて泡立て器でよく溶きほぐし、その他のBを順に加えてさらによく混ぜる。ほうれん草のピュレを加える。
3. Aを振り入れて、切るように混ぜ、型に入れる。型を持ち、5cm位の高さから優しく2回落とし、上にほたてを飾る。
4. 180℃のオーブンで20〜25分ほど焼く。
5. すぐに型から取り出して、ケーキクーラーにのせて冷ます。

Sea food

ほたては少し焦げ色がつくまでバターソテーし、冷ましておく。

ケイパーの酸味で、サーモンのうまみがぐんと引き立つ

スモークサーモンのケーク・サレ

◎**材料**(細長いパウンド型 1本分)
スモークサーモン——50g
ケイパー——大さじ2
たまねぎのみじん切り——大さじ3
A ┌ 薄力粉——100g
  │ 強力粉——50g
  └ ベーキングパウダー——小さじ2
B ┌ 卵——3個
  │ サラダ油——大さじ4
  │ 牛乳——大さじ2
  │ 塩——2つまみ
  └ こしょう——少々

◉**下ごしらえ・準備**
● 卵は1時間前に室温に戻しておく。
● Aの粉を合わせてふるっておく(大さじ1を取り分けておく)。
● 型の準備(P12)をし、オーブンを予熱する。

●**作り方**
1. ボウルにBの卵を入れて泡立て器でよく溶きほぐし、その他のBを順に加えてさらによく混ぜる。
2. Aを振り入れて、切るように混ぜる。型に生地を⅓量入れる。
3. ケイパー、たまねぎのみじん切りに取り分けておいたAの粉をまぶす。
4. ③の½量を型に散らし、スモークサーモンの½量をのせ、生地の⅓量、残りの③、スモークサーモン、生地の順に入れていく。
5. 型を持ち、5cm位の高さから優しく2回落とす。
6. 180℃のオーブンで10分焼いた後いったん取り出し、ナイフなどで中央にクープを入れる。
7. 温度を170℃に下げて25〜30分ほど焼く。
8. すぐに型から取り出して、ケーキクーラーにのせて冷ます。

焦げたチーズとマヨネーズの風味がえびの甘みを引き立てる

えびとチーズマヨのケーク・サレ

◎**材料**（シェル型 8個分）
えび──中16尾
ピザ用チーズ（細切り）──40g
マヨネーズ──大さじ2
たまねぎのみじん切り──20g

A ┌ 薄力粉──100g
　├ 強力粉──50g
　└ ベーキングパウダー──小さじ2

B ┌ 卵──3個
　├ サラダ油──大さじ4
　├ 牛乳──大さじ2
　├ 塩──2つまみ
　└ こしょう──少々

◎**下ごしらえ・準備**
- 卵は1時間前に室温に戻しておく。
- Aの粉を合わせてふるっておく（大さじ1を取り分けておく）。
- 型の準備（P12）をし、オーブンを予熱する。

●**作り方**
1. ボウルにBの卵を入れて泡立て器でよく溶きほぐし、その他のBを順に加えてさらによく混ぜる。
2. Aを振り入れて、切るように混ぜ、たまねぎのみじん切りを加えてサックリと混ぜる。型に等分して入れ、5cm位の高さから優しく2回落とす。
3. 取り分けておいたAの粉をえびにまぶして2尾ずつ飾り、180℃のオーブンで10分焼く。いったん取り出して、マヨネーズとチーズをのせる。
4. 温度を170℃に下げて15分ほど焼く。
5. すぐに型から取り出して、ケーキクーラーにのせて冷ます。

Sea food

ごま油で炒めたしらすと小松菜が、シンプルな生地によく合う
しらすと小松菜のケーク・サレ

◎**材料**(基本のパウンド型 1本分)
しらす——30g
小松菜——100g
ごま油——大さじ1
塩、こしょう——各少々
A ┌ 薄力粉——50g
  │ コーンミール——50g
  │ 強力粉——50g
  └ ベーキングパウダー——小さじ2
B ┌ 卵——3個
  │ サラダ油——大さじ4
  │ 牛乳——大さじ2
  │ 塩——2つまみ
  └ こしょう——少々

◎**下ごしらえ・準備**
- 卵は1時間前に室温に戻しておく。
- Aの粉を合わせてふるっておく(大さじ1を取り分けておく)。
- 型の準備(P12)をし、オーブンを予熱する。

●**作り方**
1. フライパンにごま油を入れて中火で熱し、しらすをひと炒めして長さ1cmに切った小松菜を加えてしんなりするまで炒め、塩、こしょうで味をととのえる。冷ましてから、取り分けておいたAの粉をまぶす。
2. ボウルにBの卵を入れて泡立て器でよく溶きほぐし、その他のBを順に加えてさらによく混ぜる。
3. Aを振り入れて切るように混ぜ、①を加えてサックリと混ぜ、型に入れる。型を持ち、5cm位の高さから優しく2回落とす。
4. 180℃のオーブンで10分焼いた後いったん取り出し、ナイフなどで中央にクープを入れ、170℃で25~30分焼く。
5. すぐに型から取り出して、ケーキクーラーにのせて冷ます。

オクラに明太子を詰めて具材に。キュートな断面も楽しんで

辛子明太子とオクラのケーク・サレ

◎**材料**（基本のパウンド型 1本分）

オクラ——8本
辛子明太子——60g
マヨネーズ——大さじ½

A ┌ 薄力粉——100g
　├ 強力粉——50g
　└ ベーキングパウダー——小さじ2

B ┌ 卵——3個
　├ サラダ油——大さじ4
　├ 牛乳——大さじ2
　├ 塩——2つまみ
　└ こしょう——少々

●**下ごしらえ・準備**
- 卵は1時間前に室温に戻しておく。
- Aの粉を合わせてふるっておく（大さじ1を取り分けておく）。
- 型の準備（P12）をし、オーブンを予熱する。

●**作り方**

1. オクラは塩を振ってまな板の上でころがして産毛を取り除き、サッと洗ってラップで包む。600Wの電子レンジで1分加熱して冷ます。

2. オクラは片側に包丁で切れ目を入れてスプーンで種を取り除き、辛子明太子とマヨネーズを混ぜたものを等分して詰める。

3. ボウルにBの卵を入れて泡立て器でよく溶きほぐし、その他のBを順に加えてさらによく混ぜる。

4. Aを振り入れて切るように混ぜ、½量を型に入れる。

5. 取り分けておいたAの粉を、6本のオクラにまぶして上にのせ、残りの生地を入れる。型を持ち、5cm位の高さから優しく2回落とす。

6. 180℃のオーブンで10分焼いた後いったん取り出し、ナイフなどで中央にクープを入れ、残りのオクラを飾り、170℃の温度に下げて25～30分焼く。

7. すぐに型から取り出して、ケーキクーラーにのせて冷ます。

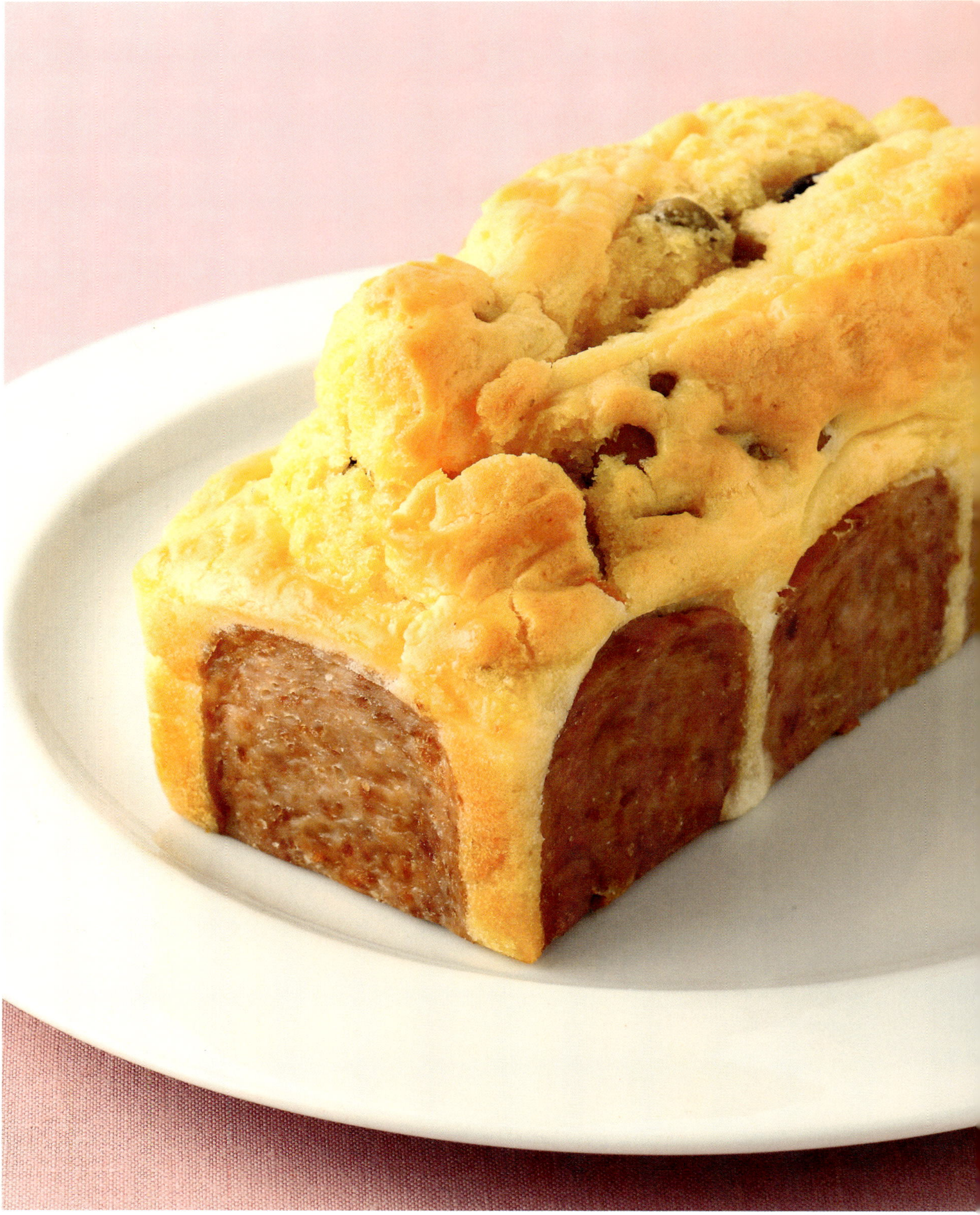

香辛料・加工品

Spice, processed food

味付けされた加工品は、そのまま入れるだけでおいしい具材に変身。
こしょうなどの香辛料を加えれば、味のアクセントになります。

ランチョンミートが、豆たっぷりの生地とマッチ

ビーンズとランチョンミートのケーク・サレ

◎材料（基本のパウンド型 1本分）
ミックスビーンズ——60g
ランチョンミート——100g
A ┬ 薄力粉——100g
　├ 強力粉——50g
　└ ベーキングパウダー——小さじ2
B ┬ 卵——3個
　├ サラダ油——大さじ4
　├ 牛乳——大さじ2
　├ 塩——2つまみ
　└ こしょう——少々

◎下ごしらえ・準備
● 卵は1時間前に室温に戻しておく。
● Aの粉を合わせてふるっておく（大さじ1を取り分けておく）。
● 型の準備（P12）をし、オーブンを予熱する。

●作り方
1. 半量のランチョンミートを厚さ5mmにカットして型の内側にはり付け、残りは5mm角に切る。
2. ボウルにBの卵を入れて泡立て器でよく溶きほぐし、その他のBを順に加えてさらによく混ぜる。
3. Aを振り入れて切るように混ぜ、ビーンズと角切りミートに取り分けておいたAをまぶして加えサックリと混ぜる。
4. 型に生地を入れ、型を持って5cm位の高さから優しく2回落とす。
5. 180℃のオーブンで10分焼いた後いったん取り出し、中央にナイフなどでクープを入れ、170℃に落として25〜30分焼く。
6. すぐに型から出してケーキクーラーにのせて冷ます。

ランチョンミート（スパム）は、型の内側にはり付ける。

生地がまとまってきたら具を加えてサックリと混ぜる。

ピリリとした刺激にサラミの塩気がビールによく合う

サラミとこしょうのケーク・サレ

◎材料(ミニパウンド型 4個分)
ソフトサラミ(スライス)——8枚
ミックスこしょう(粒)——大さじ2

A ┌ 薄力粉——100g
　├ 強力粉——50g
　└ ベーキングパウダー——小さじ2

B ┌ 卵——3個
　├ サラダ油——大さじ4
　├ 牛乳——大さじ2
　├ 塩——2つまみ
　└ こしょう——少々

◎下ごしらえ・準備
● 卵は1時間前に室温に戻しておく。
● Aの粉を合わせてふるっておく(大さじ1を取り分けておく)。
● 型の準備(P12)をし、オーブンを予熱する。

●作り方
1. ビニール袋に粒こしょうを入れてふきんで包み、めん棒などで叩いて粗くつぶす。
2. ボウルにBの卵を入れて泡立て器でよく溶きほぐし、その他のBを順に加えてさらによく混ぜる。
3. Aを振り入れて切るように混ぜ、①を加えてサックリと混ぜ、型に入れる。
4. 取り分けておいたAの粉をまぶしたソフトサラミを上に飾り、5cm位の高さから優しく2回落とす。
5. 180℃のオーブンで25分ほど焼く。
6. すぐに型から取り出して、ケーキクーラーにのせて冷ます。

Spice, processed food

2種のオリーブで贅沢に。プロセスチーズでうまみをプラス

2色オリーブとチーズのケーク・サレ

◎材料（基本のパウンド型 1本分）
スタッフドグリーンオリーブ——8粒
ブラックオリーブ——8粒
プロセスチーズ——50g
A ┌ 薄力粉——100g
　├ 強力粉——50g
　└ ベーキングパウダー——小さじ2
B ┌ 卵——3個
　├ サラダ油——大さじ4
　├ 牛乳——大さじ2
　├ 塩——2つまみ
　└ こしょう——少々

●下ごしらえ・準備
● 卵は1時間前に室温に戻しておく。
● Aの粉を合わせてふるっておく（大さじ1を取り分けておく）。
● 型の準備（P12）をし、オーブンを予熱する。

●作り方
1. チーズは1cm角に切り、オリーブは水気を拭いて取り分けておいたAをまぶしておく。
2. ボウルにBの卵を入れて泡立て器でよく溶きほぐし、その他のBを順に加え、さらによく混ぜる。
3. Aを振り入れて切るように混ぜ、①を加えてサックリと混ぜる。
4. 型に生地を入れ、型を持って5cm位の高さから優しく2回落とす。
5. 180℃のオーブンで10分焼いた後いったん取り出し、ナイフなどで中央にクープを入れ、170℃に下げて25〜30分焼く。
6. すぐに型から取り出して、ケーキクーラーにのせて冷ます。

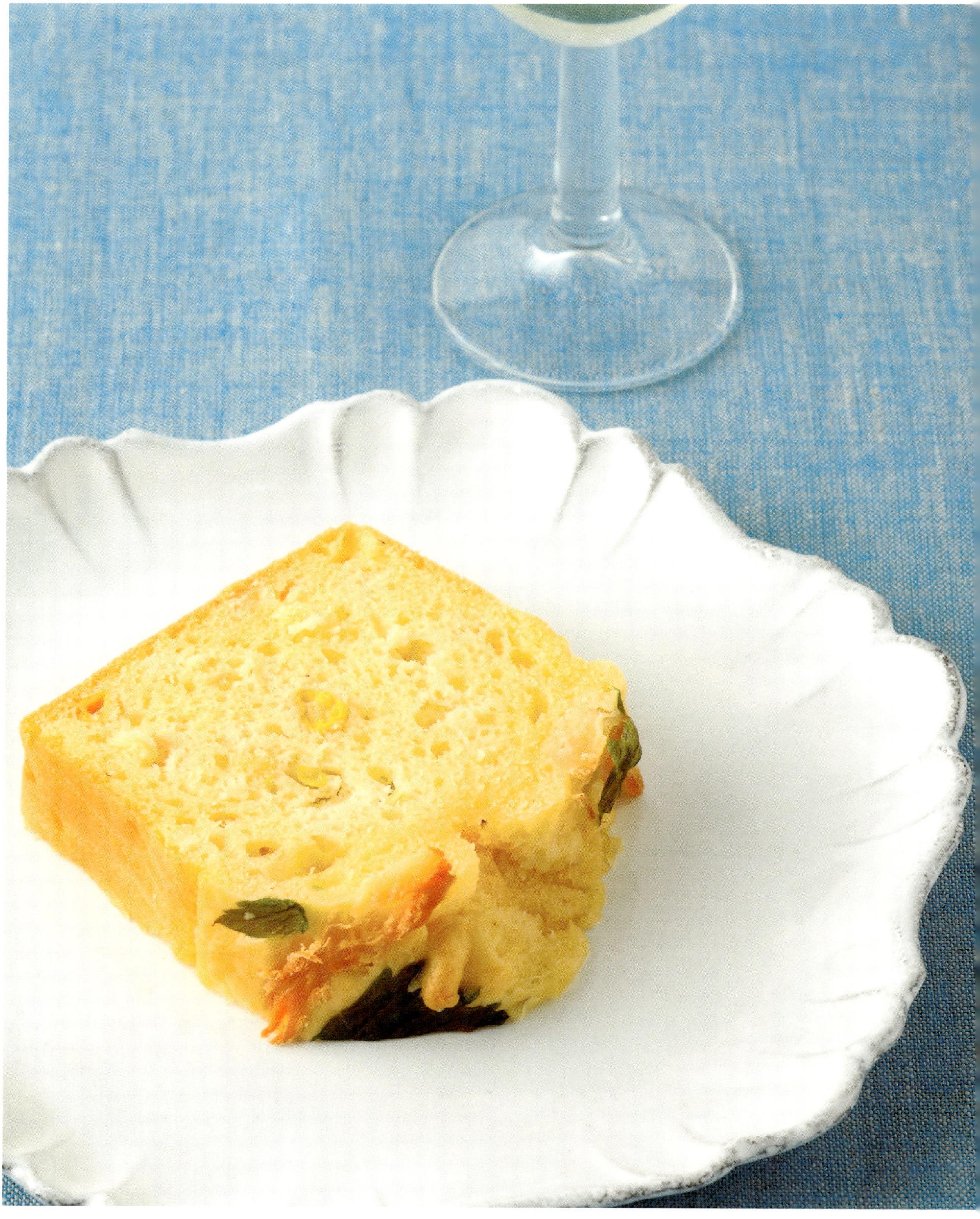

さきいかが驚くほど生地にマッチ。セロリとの相性も◎

さきいかのケーク・サレ

◎材料（基本のパウンド型 1本分）
ソフトさきいか——30g
ホールコーン（缶詰）——30g
セロリ——20g
バター——大さじ½
塩、こしょう——各少々
A ┌ 薄力粉——100g
　├ 強力粉——50g
　└ ベーキングパウダー——小さじ2
B ┌ 卵——3個
　├ サラダ油——大さじ4
　├ 牛乳——大さじ2
　├ 塩——2つまみ
　└ こしょう——少々
セロリの葉——適量

●下ごしらえ・準備
- 卵は1時間前に室温に戻しておく。
- Aの粉を合わせてふるっておく（大さじ1を取り分けておく）。
- 型の準備（P12）をし、オーブンを予熱する。

●作り方
1. フライパンにバターを入れて中火で熱し、1cm角にカットしたセロリとコーンをサッと炒め、塩、こしょうで味をととのえて冷ましておく。
2. ボウルにBの卵を入れて泡立て器でよく溶きほぐし、その他のBを順に加えてさらによく混ぜる。
3. ソフトさきいかは粗みじん切りにし（飾り用に少し残す）、①とともに取り分けておいたAの粉をまぶす。
4. Aを振り入れて切るように混ぜ、③を加えてサックリと混ぜて型に流す。5cm位の高さから優しく2回落とす。
5. 180℃のオーブンで10分焼いた後いったん取り出し、ナイフなどで中央にクープを入れる。
6. 残しておいたソフトさきいかとセロリの葉を飾り、温度を170℃に下げて25〜30分ほど焼く。
7. すぐに型から取り出して、ケーキクーラーにのせて冷ます。

さきいかは粗みじん切りにすると生地に混ぜやすく、しかも食べやすい。

セロリとコーンは炒めて水分を飛ばし、しっかり冷ましておく。

塩こぶのうまみと塩加減が絶妙な味わいを醸し出す

塩こぶ風味のケーク・サレ

◎材料（基本のパウンド型 1本分）
塩こぶ──5g
キャベツ、にんじん──各30g
ロースハム──20g
サラダ油──大さじ½
こしょう──少々

A ┌ 薄力粉──100g
　├ 強力粉──50g
　└ ベーキングパウダー──小さじ2

B ┌ 卵──3個
　├ サラダ油──大さじ4
　├ 牛乳──大さじ2
　├ 塩──2つまみ
　└ こしょう──少々

◉下ごしらえ・準備
● 卵は1時間前に室温に戻しておく。
● Aの粉を合わせてふるっておく（大さじ1を取り分けておく）。
● 型の準備（P12）をし、オーブンを予熱する。

●作り方
1. フライパンにサラダ油を中火で熱し、粗みじん切りにしたにんじん、ハム、キャベツの順に加えて炒め、塩こぶのみじん切りとこしょうで味をととのえ冷ましておく。

2. ボウルにBの卵を入れて泡立て器でよく溶きほぐし、その他のBを順に加えてさらによく混ぜる。

3. Aを振り入れて切るように混ぜ、取り分けておいたAの粉を①にまぶして加え、サックリと混ぜて型に入れる。

4. 型を持ち、5cm位の高さから優しく2回落とす。

5. 180℃のオーブンで10分焼いた後いったん取り出し、ナイフなどで中央にクープを入れ、170℃の温度に下げて25～30分焼く。

6. すぐに型から取り出して、ケーキクーラーにのせて冷ます。

漬物3種をミックス。カリカリの食感と風味がたまらない

お漬物のケーク・サレ

◎材料（基本のパウンド型 1本分）
たくあん、しば漬け、野沢菜漬けの
　粗みじん切り——各30g
玄米茶用玄米——大さじ2
A ┌ 薄力粉——100g
　├ 強力粉——50g
　└ ベーキングパウダー——小さじ2
B ┌ 卵——3個
　├ サラダ油——大さじ4
　├ 牛乳——大さじ2
　├ 塩——2つまみ
　└ こしょう——少々

◎下ごしらえ・準備
● 卵は1時間前に室温に戻しておく。
● Aの粉を合わせてふるっておく（大さじ1を取り分けておく）。
● 型の準備（P12）をし、オーブンを予熱する。

● 作り方
1. ボウルにBの卵を入れて泡立て器でよく溶きほぐし、その他のBを順に加えてさらによく混ぜる。
2. Aを振り入れて切るように混ぜ、取り分けておいたAの粉を漬物にまぶして加え、サックリと混ぜる。
3. ②の生地を型に入れ、5cm位の高さから優しく2回落とす。
4. 180℃のオーブンで10分焼いた後いったん取り出し、ナイフなどで中央にクープを入れ、玄米を振りかける。170℃の温度に下げて25〜30分焼く。
5. すぐに型から取り出して、ケーキクーラーにのせて冷ます。

Spice, processed food

● ● ● もっと楽しむアレンジ

ケーク・サレでカフェ気分

ケーク・サレをちょっとアレンジしてカフェランチ風。
サンドイッチやサラダなど、いろいろ試してみてください。

野菜や肉など、はさむ具材は何でもOK。
ケークとの相性を考えて具材を選ぶと、よりおいしく楽しめます。

サンドイッチ

●**作り方** 厚さ8mmにスライスしたケーク・サレに、レタスやハム、スモークサーモンをはさむ。

・・・Happy Arrange

ケーク・サレに、チーズと卵を乗せて焼くだけ。
休日のブランチにぴったりの、簡単メニューです。

クロックムッシュ

●**作り方**
厚さ1cmにスライスしたケーク・サレに、チーズを散らす。中央をくぼませて卵を落とし、オーブントースターで6〜8分焼く。好みで、塩、こしょうを振る。

Happy Arrange

小さく切って、ピックでさしただけ。
パーティーや人が集まる席にぴったりな、オードブルの完成です。

ピンチョス

●作り方
1.5〜2cm角に切ったケーク・サレを重ねてピックでさす。
※ケークの種類を変えると、見た目にもきれい。焼いたとき、少し取り分けてストック（冷凍）しておくとラク。

いつものサラダを豪華に変身させましょう。
サイコロ状に切ったケークを散らせば、ボリューム満点サラダに。

サラダ

●**作り方**
好みのケーク・サレを食べやすい大きさにカットし、フッ素樹脂加工のフライパンで炒ってカリッとさせる。レタスなどを盛ったサラダに散らし、好みのドレッシングをかける。

66

Part 3/Sucrés

フルーツ、野菜

りんご、桃などのフルーツは、しっとりとした生地と相性抜群。
フルーツジャムやドライフルーツ、野菜を使ったケーキも紹介します。

Fruits Vegetable

りんごのコンポートを丸ごと閉じ込め、キュートに仕上げて

りんごのパウンドケーキ

◎材料（基本のパウンド型 1本分）
バター（食塩不使用）――50g
粉砂糖――30g
卵――1個
A ┬ 薄力粉――60g
　├ ベーキングパウダー
　│　　　――小さじ¼
　└ 塩――少々
りんごのレンジコンポート＊――2個
りんごのレンジコンポートの煮汁
　　　――大さじ2

シナモンスティック――2本

●下ごしらえ・準備
● バターと卵は1時間前に室温に戻しておく。
● Aの粉を合わせてふるっておく。
● 型の準備（P12）をし、オーブンを予熱する。

●作り方
1. バターをボウルに入れて泡立て器でクリーム状に練り、粉砂糖を2回に分けて加え、砂糖が溶けてバターが白っぽくなるまでよくすり混ぜる。
2. 卵をよく溶いて4回に分けて加え、そのつど泡立て器でよく混ぜる。
3. Aをボウルの全体に広げるように振り入れ、ゴムべらなどで切るように混ぜる。
4. りんごのレンジコンポートの煮汁（冷ましたもの）を加えてさらに混ぜる。
5. りんごのレンジコンポートは汁気を拭き、全体に茶こしで薄力粉（分量外）をまぶす。
6. 型に④の生地を⅓量流し入れ、⑤を並べ入れ、シナモンスティックをさす。隙間を埋めるように残りの生地を入れる。
7. 180℃のオーブンで10分焼き、温度を170℃に落として20～25分焼く。
8. すぐに型から外してケーキクーラーにのせて冷ます。

＊りんごのレンジコンポートの材料と作り方

◎材料（作りやすい分量）
りんご（紅玉など酸味の強い小ぶりのもの）――2個
砂糖――大さじ1
バター――大さじ1
ドライプラム――2個
ラム酒――大さじ1

●作り方
1. ドライプラムにラム酒を振りかけてラップをしておく。
2. りんごは皮の回り数箇所をフォークで浅く突き（皮の破裂防止）スプーンや芯くり抜き器で芯をくり抜く。
3. 砂糖とバターをよく混ぜ合わせて2等分し、②のりんごに詰める。
4. ③を耐熱皿に並べ入れ、フワリとラップを被せ、600Wのレンジで10分加熱して冷ます。くり抜いたところに①を詰める。

型に生地を⅓量入れてならしたら、りんごを並べ入れる。

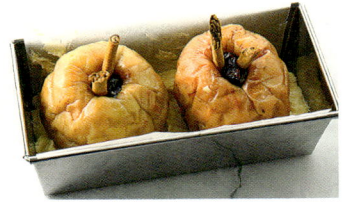

スプーンで生地をすくい、すき間に入れていく。絞り出し袋に生地を入れて埋めていくのもラク。

紅茶が香るアーモンド風味の生地に、甘酸っぱい桃がたっぷり

桃と紅茶のパウンドケーキ

◎材料（基本のパウンド型 1本分）
バター（食塩不使用）——100g
粉砂糖——100g
卵——2個

A
- 薄力粉——40g
- 製菓用米粉——40g
- アーモンドパウダー——40g
- ベーキングパウダー——小さじ½
- 塩——少々
- アールグレーの葉（ティーバッグ用）——1個

黄桃（缶詰）生地用——50g

◎シロップ
黄桃の缶汁——大さじ2
水——大さじ1
紅茶のリキュールまたはブランデー——大さじ1

●下ごしらえ・準備
- バターと卵は1時間前に室温に戻しておく。
- Aの粉を合わせてふるっておく。
- 型の準備（P12）をし、オーブンを予熱する。
- シロップの材料を混ぜ合わせておく。

●作り方
1. バターをボウルに入れて泡立て器でクリーム状に練り、粉砂糖を2回に分けて加えて砂糖が溶けてバターが白っぽくなるまでよくすり混ぜる。
2. 卵をよく溶いて4回に分けて加え、そのつど泡立て器でよく混ぜる。
3. Aをボウルの全体に広げるように振り入れ、ゴムべらなどで切るように混ぜる。⅔量を型に入れる。
4. 厚さ5mmの櫛形に切った黄桃に薄力粉大さじ1（分量外）を振りかけて全体にまぶす。余分な粉を落として、③の生地にさすように詰める。
5. 残りの生地を入れて、5cmくらいの高さから静かに2回落として空気を抜く。
6. 180℃のオーブンで10分焼き、温度を170℃に落として20〜25分焼く。
7. すぐに型から外してケーキクーラーにのせて冷まし、粗熱を取る。
8. 温かいうちにハケで全体にシロップをしみこませ、冷めたらラップで覆って味をなじませる。翌日からが食べごろ。

Fruits Vegetable

生クリームとチーズで、コクのあるなめらかな生地の完成

さくらんぼとクリームチーズのケーキ

◎材料（シェル型 8個分）
バター（食塩不使用）――80g
クリームチーズ――50g
生クリーム――大さじ2
粉砂糖――100g
卵――2個
A ┌ 薄力粉――120g
  │ ベーキングパウダー――小さじ1
  └ 塩――少々
さくらんぼ（缶詰）――16粒

●下ごしらえ・準備
● バターと卵は1時間前に室温に戻しておく。
● Aの粉を合わせてふるっておく。
● 型の準備（P12）をし、オーブンを予熱する。

●作り方
1. クリームチーズに生クリームを加え、柔らかくなるまで混ぜる。
2. バターをボウルに入れて泡立て器でクリーム状に練り、①を加えてさらに練る。粉砂糖を2回に分けて加えて砂糖が溶けてバターが白っぽくなるまで、よくすり混ぜる。
3. 卵をよく溶いて4回に分けて加え、そのつど泡立て器でよく混ぜる。
4. Aをボウルの全体に広げるように振り入れ、ゴムべらなどで切るように混ぜる。
5. 生地を型に入れて、さくらんぼを詰める。
6. 180℃のオーブンで25分ほど焼く。
7. ケーキクーラーにのせて冷ます。

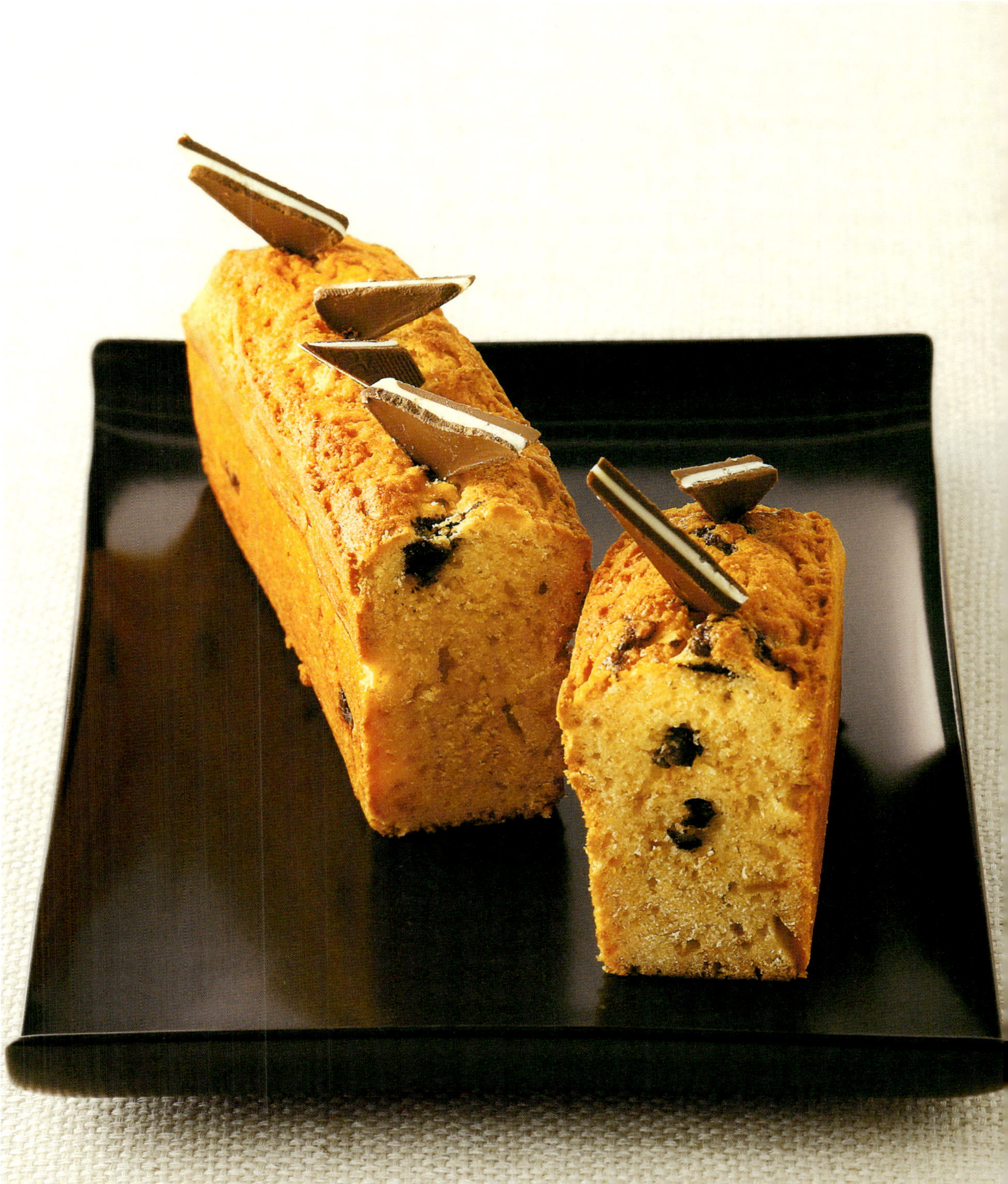

ママレードを使えば簡単！　オレンジ＆ミントで爽やかに

オレンジママレードのパウンドケーキ

◎**材料**（細長いパウンド型　1本分）
バター（食塩不使用）──100g
粉砂糖──50g
卵──2個
オレンジママレード──50g
A ┏ 薄力粉──120g
　┃ ベーキングパウダー
　┃ 　──小さじ½
　┗ 塩──少々
ミントチョコレート──30g

●**下ごしらえ・準備**
● バターと卵は1時間前に室温に戻しておく。
● Aの粉を合わせてふるっておく。
● 型の準備（P12）をし、オーブンを予熱する。

●**作り方**
1. ボウルにバターを入れて泡立て器でクリーム状に練り、粉砂糖を2回に分けて加え、砂糖が溶けてバターが白っぽくなるまでよくすり混ぜる。
2. 溶き卵を4回に分けて加え、そのつどよく混ぜる。
3. ママレードを加えて混ぜる。
4. Aをボウルの全体に広げるように振り入れ、ゴムべらなどで切るように混ぜる。生地の½量を型に入れる。粗く切ったミントチョコを散らし、残りの生地を流し入れる。
5. 180℃のオーブンで10分焼いた後いったん取り出し、ナイフなどで中央にクープを入れ、オーブンに戻し入れる。温度を170℃に落として20〜25分焼く。
6. すぐに型から外し、ケーキクーラーにのせて粗熱を取る。
7. ミントチョコレート（分量外）を飾る。

Fruits Vegetable

ミントチョコはハサミで切るとラク。まな板も汚さずに済む。

生地がまとまったらチョコを加えてサックリと混ぜる。練らないように注意。

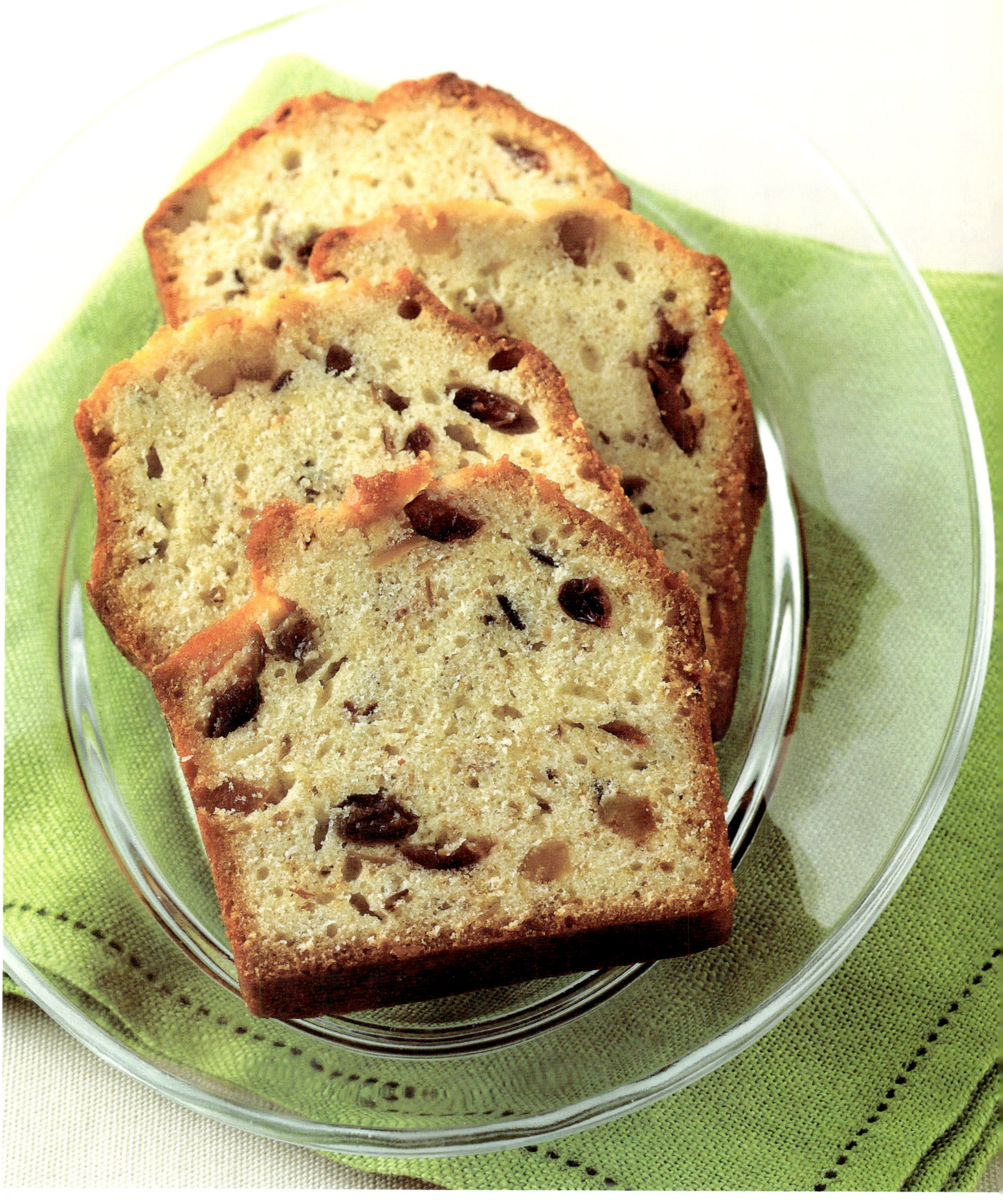

フルーツミックスをたっぷり混ぜ込んだ、定番人気のケーキ

フルーツケーキ

Fruits Vegetable

◎材料（基本のパウンド型 1本分）
バター（食塩不使用）——100g
粉砂糖——100g
卵——2個
A ┌ 薄力粉——120g
  │ ベーキングパウダー
  │   ——小さじ½
  │ 塩——少々
  │ シナモン・ナツメッグ・オール
  └   スパイス——各小さじ⅙
フルーツミックス（ドライ）——60g
くるみ——20g

◎シロップ
ラム酒——大さじ1
水——大さじ1
砂糖——大さじ1

●下ごしらえ・準備
- バターと卵は1時間前に室温に戻しておく。
- Aの粉を合わせてふるっておく（大さじ1を取り分けておく）。
- 型の準備（P12）をし、オーブンを予熱する。
- 耐熱の器に水と砂糖を入れて600Wの電子レンジに20秒かけて砂糖を溶かし、冷ましてラム酒を加えてシロップを作っておく。
- くるみはからいりして冷ましておく。

●作り方
1. バターをボウルに入れて泡立て器でクリーム状に練り、粉砂糖を2回に分けて加えて砂糖が溶けてバターが白っぽくなるまでよくすり混ぜる。
2. 卵をよく溶いて4回に分けて加え、そのつど泡立て器でよく混ぜる。
3. Aをボウルの全体に広げるように振り入れ、ゴムべらなどで切るように混ぜる。
4. フルーツミックスとくるみに取り分けておいたAをまぶして加え、サックリと混ぜる。
5. 生地を型に流し入れて中央を窪ませ、5cm位の高さから優しく2回落として空気を抜く。
6. 180℃のオーブンで10分焼いた後いったん取り出し、ナイフなどで中央にクープを入れ、オーブンに戻し入れる。温度を170℃に落として20〜25分焼く。
7. すぐに型から外してケーキクーラーにのせて粗熱を取る。
8. 温かいうちにハケで全体にシロップを塗る。

フルーツミックスはひたひたのブランデー（ラム酒でもOK）にひと晩ほど浸して柔らかくしておく。

フルーツミックスの汁気をきり、取り分けておいた粉にまぶして水分を閉じ込める。

キャラメリゼしたかぼちゃと大学芋が、ほっくりおいしい

大学芋とかぼちゃのパウンドケーキ

◎材料（基本のパウンド型 1本分）
バター（食塩不使用）——60g
粉砂糖——60g
卵——1個
A ┌ 薄力粉——90g
　├ ベーキングパウダー
　│　　——小さじ½
　└ 塩——少々
大学芋＆かぼちゃ*——200g

◉下ごしらえ・準備
● バターと卵は1時間前に室温に戻しておく。
● Aの粉を合わせてふるっておく（大さじ1を取り分けておく）。
● 型の準備（P12）をし、オーブンを予熱する。

＊大学芋＆かぼちゃの
　材料と作り方

◎材料
さつまいも——100g
かぼちゃ——100g
A ┌ 砂糖——大さじ4
　├ しょうゆ——小さじ½
　├ サラダ油——大さじ4
　└ オレンジジュース——大さじ2
黒いりごま——大さじ1

●作り方
1. さつまいもとかぼちゃは小さめの乱切りにして洗い、水気をペーパータオルなどでふき取る。
2. フライパンにAを入れて①を並べ入れ、蓋をして弱火にかける。沸騰したら2～3分煮る。裏返してさらに3分ほど煮ると、煮汁がキャラメルになるので、蓋を開けてよく絡める。
3. オーブンペーパーに取り出して熱いうちにごまを振ってまぶし、冷ます。

●作り方
1. バターをボウルに入れて泡立て器でクリーム状に練り、粉砂糖を2回に分けて加え、砂糖が溶けてバターが白っぽくなるまでよくすり混ぜる。
2. 卵をよく溶いて4回に分けて加え、そのつど泡立て器でよく混ぜる。
3. Aをボウルの全体に広げるように振り入れ、ゴムべらなどで切るように混ぜる。
4. 大学芋＆かぼちゃに取り分けておいたAをまぶして加え、サックリと混ぜて型に入れる。
5. 180℃のオーブンで10分焼き、温度を170℃に落として20～25分焼く。
6. 粗熱が取れたら型から出してケーキクーラーにのせて冷ます。

にんじんの甘さが引き立つヘルシーなケーキ。鮮やかな色も◎

にんじんグラッセのケーキ

◎材料（丸型 8個分）
バター（食塩不使用）——100g
粉砂糖——80g
卵——2個
A ┌ 薄力粉——90g
　├ アーモンドパウダー——30g
　├ ベーキングパウダー——小さじ1
　└ 塩——少々
にんじん——大1本（正味180g）
B ┌ バター——大さじ1
　├ 砂糖——大さじ1
　├ レモン汁——小さじ1
　└ 塩——少々
ドライラベンダー（食用）——大さじ2

●下ごしらえ・準備
・バターと卵は1時間前に室温に戻しておく。
・Aの粉を合わせてふるっておく。
・型の準備（P12）をし、オーブンを予熱する。
・にんじんは下1/3本をグラッセにし、残りはすりおろす。

▼にんじんグラッセの作り方
●作り方
1. にんじん1/3本は皮をむいて厚さ5mmの輪切りにする。耐熱の器に入れBを加えてラップをし、600Wの電子レンジで1分半加熱する。
2. ラップを外して混ぜ、ラップ無しでさらに1分半加熱して取り出し、冷ます。

Fruits Vegetable

●作り方
1. バターをボウルに入れて泡立て器でクリーム状に練り、粉砂糖を2回に分けて加え、そのつどよく混ぜる。砂糖が溶けてバターが白っぽくなるまでよくすり混ぜる。
2. 卵をよく溶いて4回に分けて加え、そのつど泡立て器でよく混ぜる。すりおろしたにんじんを加える。
3. Aをボウルの全体に広げるように振り入れ、ゴムべらなどで切るように混ぜる。
4. ドライラベンダーを加えてサックリと混ぜて型に入れ、にんじんグラッセを飾る。
5. 180℃のオーブンで25分ほど焼く。
6. 粗熱が取れたら型から出してケーキクーラーにのせて冷ます。

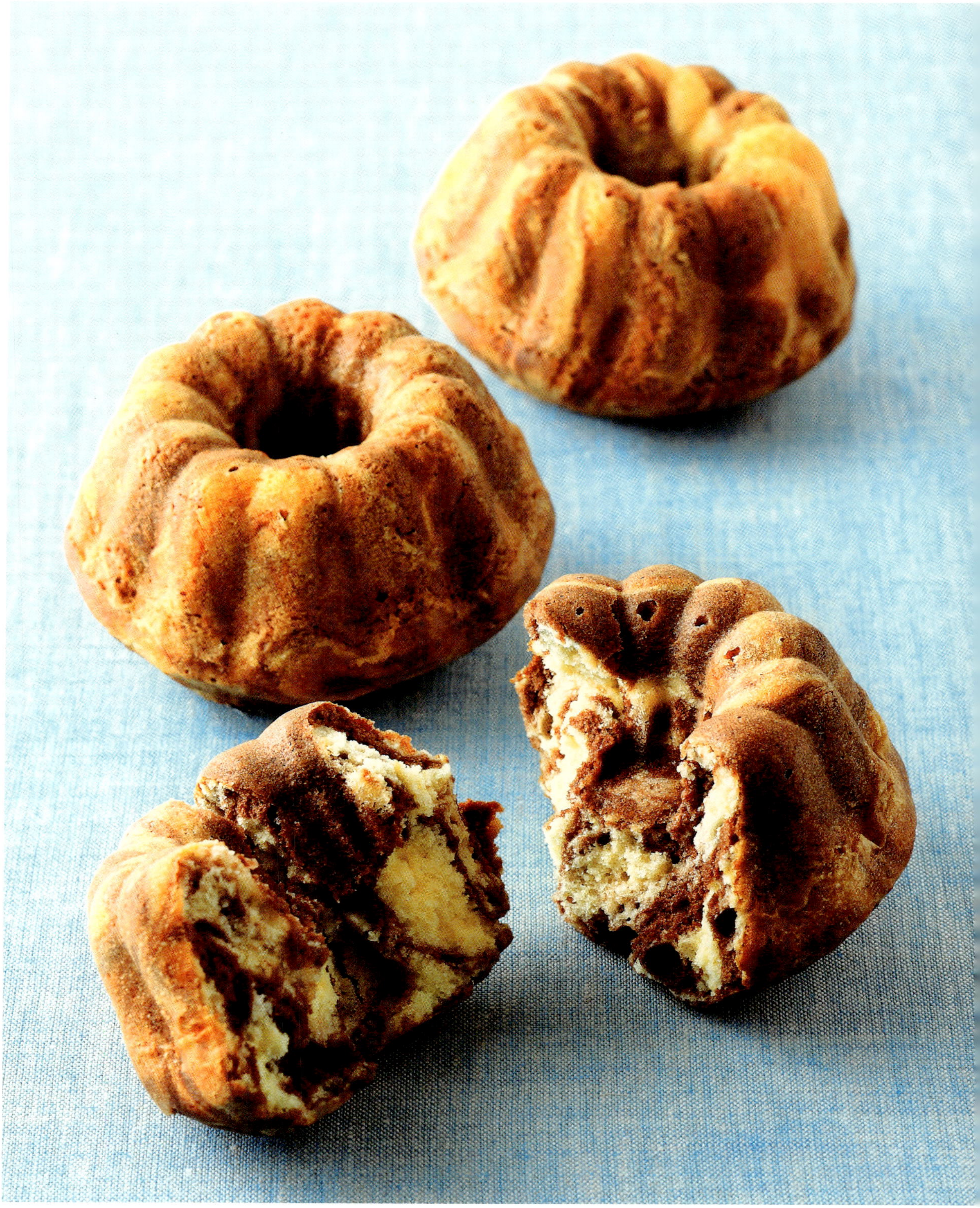

Cacao nuts

カカオ、ナッツ

甘いケーキといえば、やっぱりチョコレートやナッツははずせない！
組み合わせる素材に工夫して、香りや食感のアクセントを忘れずに。

白と黒の2色生地。きれいなマーブル模様にする混ぜ方に注目！

マーブルケーキ

◎材料（ミニクグロフ型 3個分）
バター（食塩不使用）——100g
粉砂糖——100g
卵——2個
A ┌ 薄力粉——120g
　├ ベーキングパウダー——小さじ½
　└ 塩——少々
B ┌ ココアパウダー——大さじ½
　└ 牛乳——大さじ1

● 下ごしらえ・準備
- バターと卵は1時間前に室温に戻しておく。
- Aの粉を合わせてふるっておく。
- 型の準備（P12）をし、オーブンを予熱する。

● 作り方
1. バターをボウルに入れて泡立て器でクリーム状に練り、粉砂糖を2回に分けて加え、そのつどよく混ぜる。砂糖が溶けてバターが白っぽくなるまでよくすり混ぜる
2. 卵をよく溶いて4回に分けて加え、そのつど泡立て器でよく混ぜる。
3. Aをボウルの全体に広げるように振り入れ、ゴムべらなどで切るように混ぜる。¼量を別のボウルに取り分け、牛乳で溶いたココアパウダーを加えてよく混ぜ、茶色の生地を作る。
4. 白い生地の上に茶色の生地を離して3～4箇所に分けてのせ、大きく3回混ぜ、型に流し入れる。
5. 型を持ち、5cm位の高さから優しく2回落として空気を抜く。
6. 180℃のオーブンで25分ほど焼く。
7. 粗熱が取れたら型から出してケーキクーラーにのせて冷ます。

白の生地の上に、ココアの生地を3箇所に分けて落とす。

大きく3回混ぜたらストップ。これできれいなマーブル模様ができる。

しっとり甘いチョコレートに、甘酸っぱいラズベリーがアクセント
チョコレートとラズベリーのケーキ

◎材料（クグロフ型 1台分）
クーベルチュールミルクチョコレート
　　——80g
バター（食塩不使用）——100g
グラニュー糖——60g
卵黄——2個
A ┌ 薄力粉——100g
　├ ベーキングパウダー
　│　　——小さじ⅓
　└ 塩——少々
B ┌ 卵白——2個
　└ グラニュー糖——40g
ラズベリー——20粒
粉砂糖——適量

◎下ごしらえ・準備
● バターと卵は1時間前に室温に戻しておく。
● Aの粉を合わせてふるっておく。
● 型の準備（P12）をし、オーブンを予熱する。

●作り方
1. ボウルに刻んだクーベルチュールミルクチョコレート、バター、グラニュー糖を入れて湯煎にかけ、チョコレートを溶かす。
2. 湯煎から外してひと混ぜし、卵黄を1個ずつ加え、そのつど泡立て器で手早く混ぜる。
3. Aを2回に分けて振り入れ、サックリと混ぜる。
4. ボウルにBの卵白を入れて泡立て器でホイップし、細かい泡が立ってきたらグラニュー糖を3回に分けて加えながらホイップし、泡立て器の跡が残る程度の7分立てにする。
5. ④を③に2回に分けて加え混ぜる。
6. 型に3回に分けて流し入れ、ラズベリーを所々においていく。
7. 180℃のオーブンで10分焼き、温度を170℃に落として20〜25分焼く。
8. すぐに型から外し、ケーキクーラーにのせて粗熱を取る。
9. 器に盛り、粉砂糖を振る。

ほんのりビターな生地に、甘いマシュマロがベストマッチ
コーヒーとマシュマロのミニパウンドケーキ

◎**材料**(ミニパウンド型 4個分)
バター(食塩不使用)——100g
粉砂糖——100g
卵——2個
A ┌ 薄力粉——120g
　├ ベーキングパウダー
　│　　——小さじ½
　└ 塩——少々
B ┌ インスタントコーヒー(粉末)
　│　　——大さじ2
　├ コーヒーリキュール——大さじ1
　├ マシュマロ(1cm角に切る)
　│　　——20g
　└ チョコレートチップス
　　　　——大さじ3

◎**下ごしらえ・準備**
● バターと卵は1時間前に室温に戻しておく。
● Aの粉を合わせてふるっておく。
● 型の準備(P12)をし、オーブンを予熱する。

●**作り方**
1. バターをボウルに入れて泡立て器でクリーム状に練り、粉砂糖を2回に分けて加え、砂糖が溶けてバターが白っぽくなるまでよくすり混ぜる。
2. 卵をよく溶いて4回に分けて加え、そのつど泡立て器でよく混ぜる。
3. Aをボウルの全体に広げるように振り入れ、ゴムべらなどで切るように混ぜる。
4. 別のボウルにインスタントコーヒーを入れてコーヒーリキュールで溶き、③の生地を大さじ3ほど入れてよく混ぜる。
5. ④を③に戻して全体に混ぜて均等に色付けし、マシュマロとチョコチップスを加え(飾り用に少し残しておく)、サックリと混ぜる。
6. ⑤を型に入れて、5cm位の高さから優しく2回落として空気を抜く。
7. 180℃のオーブンで10分焼いた後いったん取り出し、残しておいたマシュマロとチョコチップをのせ、オーブンに戻し入れる。温度を170℃に落として15分ほど焼く。
8. すぐに型から外し、ケーキクーラーにのせて粗熱を取る。

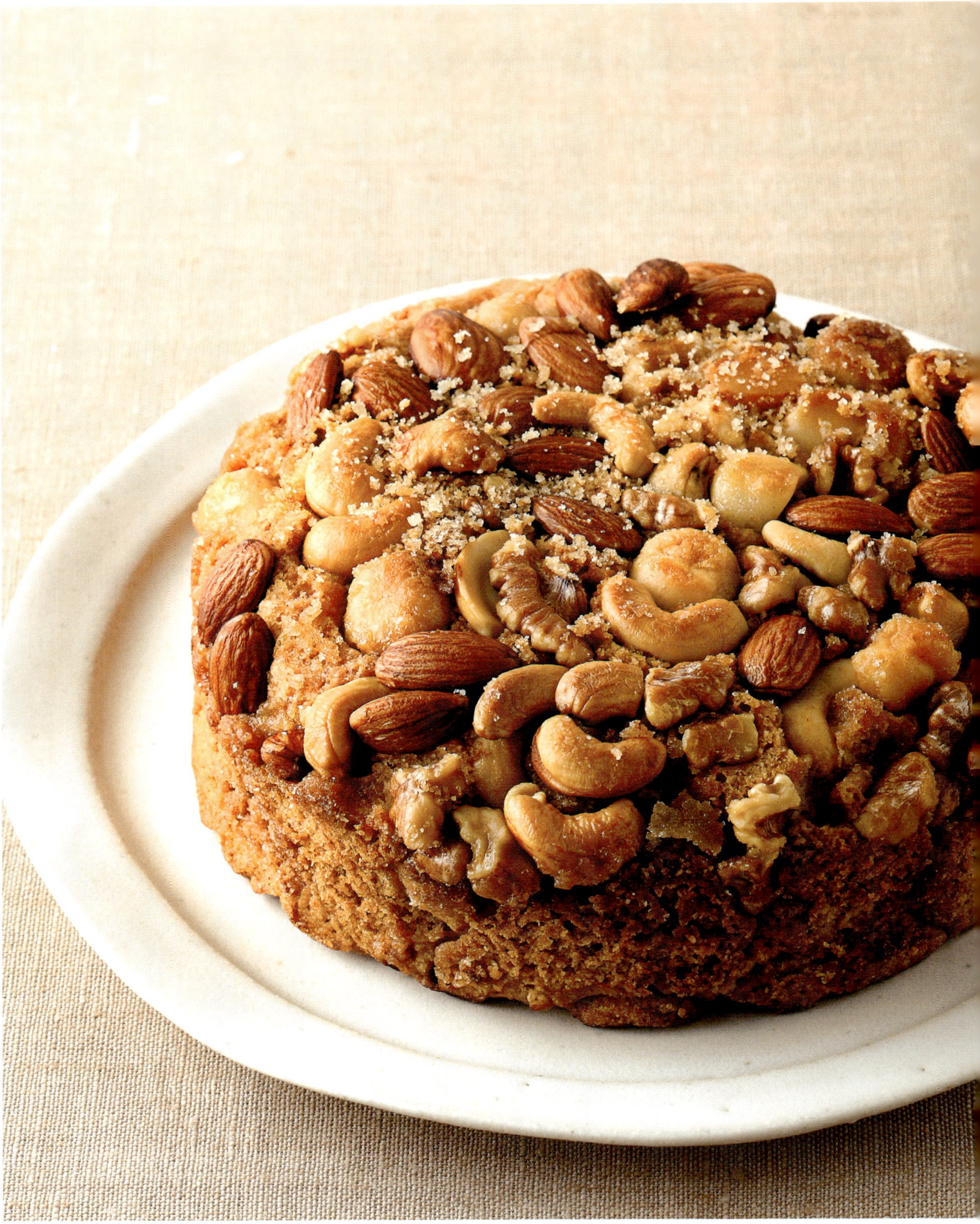

たっぷりのキャラメルを絡めたナッツの香ばしさがたまらない！

ミックスナッツのケーキ

◎材料（ケーキ丸型 1台分）
- バター（食塩不使用）——40g
- 三温糖——40g
- ミックスナッツ（製菓用）——70g
- A
  - 薄力粉——150g
  - ベーキングパウダー——小さじ1.5
  - シナモンパウダー——小さじ1
  - 塩——ひとつまみ
- 牛乳——75cc
- B
  - バター（食塩不使用）——60g
  - 粉砂糖——60g
  - 卵——1個

◎下ごしらえ・準備
- バターと卵は1時間前に室温に戻しておく。
- Aの粉を合わせてふるっておく。
- 型の準備（P12）をし、オーブンを予熱する。

●作り方
1. 型の底と側面にバターを塗りつけて底に三温糖を振り入れ、冷蔵庫で冷やし固めた後に、底にミックスナッツを入れて平らにする。
2. ボウルにBのバターを入れて泡立て器でクリーム状に練り、粉砂糖を2回に分けて加える。砂糖が溶けてバターが白っぽくなるまでよくすり混ぜる。
3. 卵をよく溶いて4回に分けて加え、そのつど泡立て器でよく混ぜる。
4. Aの½量をボウルの全体に広げるように振り入れ、ゴムべらなどで切るように混ぜる。
5. 牛乳の½量、残りのA、牛乳と交互に加え、そのつど切るように混ぜ、型に入れる。
6. 170℃のオーブンで35～40分焼く。
7. 型のまましばらく置いて粗熱を取る。
8. 素手で触れるくらいの熱さになったら型の上下を逆にして器に盛る。

Cacao nuts

型にバターを塗って三温糖をまぶす。バターはきれいにならさなくても大丈夫。

ナッツはぎっしり敷き詰めて平らにする。

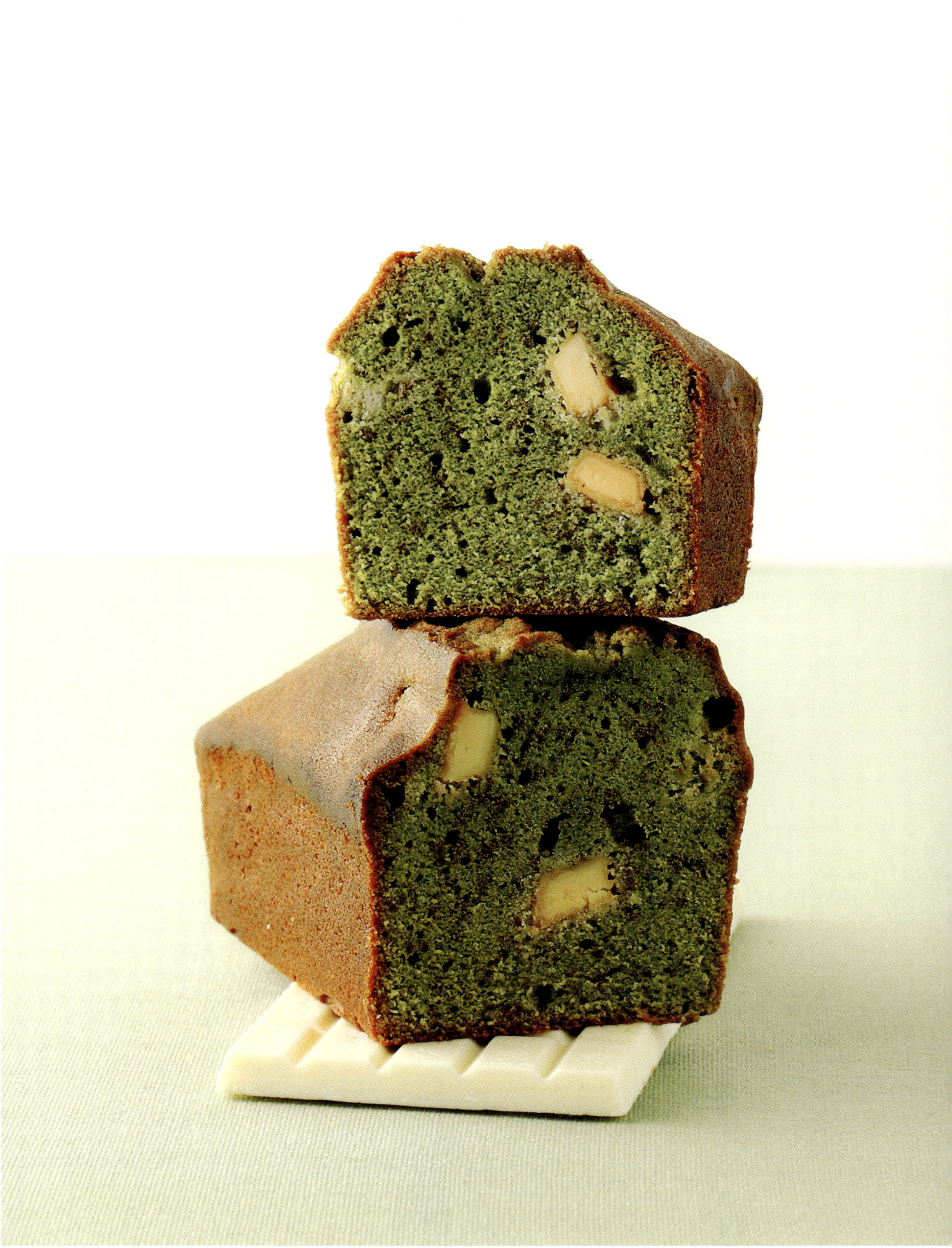

Japanese taste

和風

抹茶やごま、あずきなど、和の素材も積極的に使いたいもの。
和テイストのスイーツで上品な味わいを楽しんで。

和と洋の意外な組み合わせ。ほろ苦さと甘さが絶妙にマッチ

抹茶とホワイトチョコの
パウンドケーキ

◎材料（基本のパウンド型 1本分）
バター（食塩不使用）——100g
粉砂糖——100g
卵——2個

A ┌ 薄力粉——60g
　├ 米粉（製菓用）——60g
　├ ベーキングパウダー——小さじ½
　├ 抹茶——大さじ1
　└ 塩——ひとつまみ

ホワイトチョコレート——50g

◎下ごしらえ・準備
- バターと卵は1時間前に室温に戻しておく。
- Aの粉を合わせてふるっておく。
- 型の準備（P12）をし、オーブンを予熱する。

●作り方

1. バターをボウルに入れて泡立て器でクリーム状に練り、粉砂糖を2回に分けて加えて砂糖が溶けてバターが白っぽくなるまでよくすり混ぜる。

2. 卵をよく溶いて4回に分けて加え、そのつど泡立て器でよく混ぜる。

3. Aをボウルの全体に広げるように振り入れ、ゴムべらなどで切るように混ぜる。

4. ホワイトチョコは大ぶりにカットする。

5. 型に生地の⅓量を入れてチョコの半量をおく。さらに残った生地の半量を入れ、チョコをおき最後に残った生地を入れる。5cm位の高さから優しく2回落として空気を抜く。

6. 180℃のオーブンで10分焼いた後いったん取り出し、ナイフなどで中央にクープを入れ、オーブンに戻し入れる。温度を170℃に落として20〜25分焼く。

7. すぐに型から外してケーキクーラーにのせて粗熱を取る。

抹茶はあらかじめ粉類と一緒に混ぜて、ふるっておく。

生地を⅓量入れて平らにならし、ホワイトチョコをおく。これをもう一度繰り返す。

香ばしいごまがたっぷり！　オレンジピールのアクセントが◎

黒ごまのケーキ

◎**材料**(細長いパウンド型 1本分)
バター（食塩不使用）——50g
黒ごまペースト〔練りごま〕——50g
粉砂糖——60g
卵黄——2個
牛乳——大さじ2

卵白——2個
グラニュー糖——30g
A ┌ 薄力粉——100g
　├ ベーキングパウダー
　│　　　——小さじ½
　└ 塩——少々
オレンジピール——30g
白いりごま——大さじ1

●**下ごしらえ・準備**
● バターと卵は1時間前に室温に戻しておく。
● Aの粉を合わせてふるっておく。
● 型の準備（P12）をし、オーブンを予熱する。

●**作り方**
1. ボウルに黒ごまペーストとバターを入れて泡立て器で滑らかになるまで練り、粉砂糖を2回に分けて加えてそのつどよく混ぜる。
2. 卵黄を加えて混ぜ、さらに牛乳を加えてよく混ぜる。
3. 別のボウルに卵白と砂糖を入れて泡立て器でしっかりと角が立ったメレンゲを作り、⅓量を②に加え、泡立て器でよくなじませるように混ぜる。
4. Aの½量をボウルの全体に広げるように振り入れ、ゴムべらなどで切るように混ぜる。
5. メレンゲの⅓量を加えて、ゴムべらでサックリと混ぜ、残りのAを振り入れて切るように混ぜる。
6. 残りのメレンゲとオレンジピール、白いりごまを加えて、なじませるように混ぜる。
7. 型に流し入れて中央を窪ませ、5cm位の高さから優しく2回落として空気を抜く。
8. 180℃のオーブンで10分焼いた後、温度を170℃に落として20〜25分焼く。
9. すぐに型から外してケーキクーラーにのせて粗熱を取る。
10. 生地のふくらんだ部分を切り、裏返して器に盛る。幅1cmに切った厚紙を斜めにのせ粉砂糖を茶こしに入れて振り、厚紙をそっとはずす。

和ならではの黄金コンビ。日本酒入りのシロップで風味豊かに

あずきと栗のパウンドケーキ　日本酒風味

◎**材料**（基本のパウンド型 1本分）
バター（食塩不使用）——100g
粉砂糖——60g
卵——2個
A ┬ 薄力粉——120g
　├ ベーキングパウダー
　│　　——小さじ½
　└ 塩——少々
ゆであずき——70g
栗の甘露煮——8粒

◎**シロップ**
日本酒——大さじ5
水——大さじ4
砂糖——40g

●**下ごしらえ・準備**
● バターと卵は1時間前に室温に戻しておく。
● Aの粉を合わせてふるっておく（大さじ1を取り分けておく）。
● 型の準備（P12）をし、オーブンを予熱する。
● 小鍋に［シロップ］の材料を入れて弱火でひと煮し、冷ましておく。

●**作り方**
1. バターをボウルに入れて泡立て器でクリーム状に練り、粉砂糖を2回に分けて加える。砂糖が溶けてバターが白っぽくなるまでよくすり混ぜる。
2. 卵をよく溶いて4回に分けて加え、そのつど泡立て器でよく混ぜる。
3. Aをボウルの全体に広げるように振り入れ、ゴムべらなどで切るように混ぜる。ゆであずきを加えて、大きく3回混ぜる。
4. 取り分けておいたAの粉を栗にまぶす。
5. 型に生地の⅔量を入れて④をおき、残りの生地を入れて平らにする。5cm位の高さから優しく2回落として空気を抜く。
6. 180℃のオーブンで10分焼いた後いったん取り出し、ナイフなどで中央にクープを入れ、オーブンに戻し入れる。温度を170℃に落として25〜30分焼く。
7. すぐに型から外してケーキクーラーにのせて粗熱を取る。
8. 温かいうちにシロップを塗り、冷めてからラップで包んで冷蔵庫で保管する。食べる時は室温に戻す。1週間くらいは保存OK。

Happy Arrange

コーヒー風味の生クリーム、ココアで作る簡単ティラミス。
みんなが集まる席なら、大皿に作って取り分けるのもおすすめです。

ティラミス

●作り方
パウンドケーキをスライスし、コーヒーシロップを含ませる。
生クリームを塗り、ココアを振る。

いつものケーキを、カフェ風にぐんとオシャレに盛りつけて。
アイスクリームやフルーツなど、自分なりの好みで楽しんでくださいね。

ワンプレートデザート

●**作り方**
ケーキをカットし(写真はチョコレートとラズベリーのケーキ)ホイップした
生クリームとラズベリーソースを添え、ミントの葉を飾る。

道具リスト

ボウル
生地を混ぜるときに使います。直径20～24cmのものが扱いやすい大きさです。金属製、耐熱ガラス製のものが安定感があります。

ペティナイフ
手に収まりがよく、先の尖ったペティナイフはぜひ用意しておきましょう。クープを入れたり、生地の端を切り落とすなど、細かい作業をするときに大変重宝します。

計量カップ、大さじ・小さじ
計量カップは200mlのものが基本。目盛りがはっきりし、持ちやすいものを選びましょう。粉や塩を量るときは、多めにすくって、スプーンの柄などで平らにしてすりきりで量ります。

ハケ、ゴムべら
ハケは、シロップなどを塗るときに使用。毛が長く、根元が詰まっているものを選びましょう。ゴムべらは、材料をさっくり混ぜるときや、生地をきれいにかき集めるのに便利です。

茶こし、ザル
仕上げに粉砂糖などを振るうときに茶こしを使います。ザルは粉類を振るうのに使います。振るうのは、粉をサラサラにすることでダマをなくし、仕上がりをなめらかにするため。

ケーキクーラー
焼き上げたケーキを冷ますのに使う金網。通気性がよく余分な熱を逃がしてくれるので、早く冷ますことができます。形は丸と四角があります。

スケール
重さを量るときに使います。家庭で使うものなら1kgまで量れれば十分。1g単位で量れるものを選びましょう。デジタルのものが見やすく、扱いやすいのでおすすめです。

泡立て器
バターと砂糖をすり混ぜるときに使います。泡立て器で混ぜることにより、空気を含ませることができるので、カサが増えてふわっとした仕上がりに。

著者紹介

三宅郁美（みやけいくみ）

1985年より5年間フランスに在住し、「ル・コルドンブルー」「エコール・リッツ・エスコフィエ」にて、菓子・料理を学び、ディプロムを取得。
1990年より2年間在住したアメリカでは、料理サロンを主宰する他、マンハッタンのカルチャースクール料理講師を務める。
帰国後、東京・目白の自宅でテーブルコーディネートも学べる三宅郁美料理サロン「LE TABLIER BLANC（ル・タブリエ・ブラン）」を主宰。わかりやすいレシピと明るい人柄が人気の料理家。主な著書に『キッシュ＆タルト』（小社刊）など。
http://www.ikumi-miyake.com/

STAFF

デザイン	釜内由紀江　飛岡綾子（GRiD CO.,LTD.）
撮影	菅原史子
スタイリング	高木ひろ子
調理アシスタント	古田睦美、中村恭子（ル・タブリエ・ブラン）
編集・構成	柳澤英子、今 麻美（株式会社ケイ・ライターズクラブ）
企画・進行	宮崎友美子（辰巳出版株式会社）

いちばんやさしい！いちばんおいしい！
ケーク・サレ＆パウンドケーキ

平成21年11月 1日　初版第1刷発行
平成22年 9月15日　初版第7刷発行
著者　　三宅郁美
編集人　井上祐彦
発行人　穂谷竹俊
発行所　株式会社 日東書院本社

〒160-0022 東京都新宿区新宿2丁目15番14号 辰巳ビル
TEL：03-5360-7522（代表）
FAX：03-5360-8951（販売部）
URL：http://www.TG-NET.co.jp/

印刷所・製本所　凸版印刷株式会社
本書の無断複写複製（コピー）は、著作権法上での例外を除き、著作者、出版社の権利侵害となります。
乱丁・落丁はお取り替えいたします。小社販売部までご連絡ください。
©ikumi miyake 2009.Printed in Japan
ISBN978-4-528-01977-5 C2077